陳福成 主編

文學叢刊

廣西參訪遊記

——中國全民民主統一會廣西南寧崇左巴馬參訪旅遊

文史哲出版社印行

國家圖書館出版品預行編目資料

廣西參訪遊記：中國全民民主統一會廣西
南寧崇左巴馬參訪旅遊 / 陳福成主編. --
初版 -- 臺北市：文史哲, 民 106.10
　　頁；　　公分（文學叢刊；383）
ISBN 978-986-314-392-5（平裝）

1.旅遊文學　2.廣西省

673.469　　　　　　　　　　106018730

文　學　叢　刊　383

廣 西 參 訪 遊 記
── 中國全民民主統一會廣西南寧崇左巴馬參訪旅遊

主　編　者：陳　　　福　　　成
出　版　者：文　史　哲　出　版　社
　　　　　　http://www.lapen.com.tw
　　　　　　e-mail：lapen@ms74.hinet.net
登記證字號：行政院新聞局版臺業字五三三七號
發　行　人：彭　　　正　　　雄
發　行　所：文　史　哲　出　版　社
印　刷　者：文　史　哲　出　版　社
　　　　　　臺北市羅斯福路一段七十二巷四號
　　　　　　郵政劃撥帳號：一六一八○一七五
　　　　　　電話886-2-23511028・傳真886-2-23965656

定價新臺幣三二○元

民 國 一 ○ 六 年 （2017） 十 月 初 版

廣西參訪遊記

中國全民民主統一會廣西南寧崇左巴馬參訪旅遊

目　　次

【序一】

廣西之行，感恩之旅

吳信義

　　中國全民民主統一會自成立以來，歷任會長都積極的推動兩岸民間觀光旅遊參訪等活動，以促進兩岸同胞相互了解，創造未來兩岸和平統一的良好環境。為此從最高的民族使命出發，本會每年都盡可能利用機緣，鼓勵會員參加大陸參訪旅遊活動。

　　2017 年之夏，因緣條件俱足下，三十三人一行廣西之行終於 8 月 7 日順利成行，並於 8 月 14 日圓滿平安返台。為了留下美好回憶，邀請參與會員提供照片及心得，將出版文集，獲得大家贊同支持，同行者有文史哲出版社彭發行人正雄及著名詩人台客廖振卿，答允與福成兄共同彙整，福成兄任主編，此行旅遊文集預訂九月可出版。

　　出團前十天，本人意外受傷，右手腕帶上石膏不便下陪同出遊，前後八天，是責任與團隊的感召。此行以中國全民民主統一會之名義組團，在崇左市受到國台辦方文宏主任、廣西龍州縣統戰部副部長台辦黃主任峰明的歡迎，四位幹部與我們共餐，把酒同歡，互贈禮物外，本會黃顧問錦璋致贈

書法字畫四幅，彭社長送了《華文現代詩》詩刊三本給他們，本會贈送鳳梨酥及金門高粱酒，展現兩岸和樂融融一家親。

此行除見識廣西諸多好山好水外 最大的收穫是能認識許多好友，經過八天同遊的生活，都熟識如老友，大家咸認不虛此行，將來有更多機會再見相見歡！

這次參訪旅遊，全程諸多行政工作，除感謝旅行社魁元兄幫忙，陳秘書長很辛苦，感謝她。本書之完成，有賴出版家彭正雄先生、主編陳福成和所有寫稿的朋友，台客在百忙為本書作序，都讓我獻上一份敬意。

中國全民民主統一會會長**吳信義**誌於 2017 年 9 月 10 日

【序二】

《廣西參訪遊記》前言

台　客

　　《廣西參訪遊記》——　全統會廣西南寧崇左巴馬參訪旅遊一書即將排版付梓。吳信義會長來電，囑我寫一篇序文，愧不敢當。但推辭無效，只得勉強應命。

　　本書之得以出版印行，最初的發始者是全統會顧問的陳福成兄。他得知有此趟知性參訪之旅，雖他本人因另有要務無法參加，但却一口答應幫大家編一本合集，以為紀念。福成兄著作等身，編書更是高手。有他的允諾，故大家也就無法推卸。在廣西參訪旅遊時，即告知所有參加會員有此一計劃，希望大家盡量共襄盛舉。不論是提供文字方面的創作，或精彩的照片，都非常歡迎！

　　八月中旬由廣西返回，經過半個月的徵稿期。共收到文與詩數十篇(首)，精彩照片數百張。經過精心編輯排版處理，如今完美呈現在大家眼前，就請仔細閱讀欣賞吧！

　　此書得以出版，還要感謝一位重要人物，即全統會顧問也是文史哲出版發行人彭正雄兄。有他不計成本的大力支持及協助整理編排，此書才能順利出版。

　　本書在書後，附錄了全统會的創會宗旨、歷史沿革與組織章程等文章，是希望所有會員因擁有此書，對全统會有更進一步的了解與認識，進而產生認同與光榮感。

　　最後，謹祝所有會員，身體健康，平安幸福圓滿。

2017.9.6

廣西行緣起 —— 靚麗山水崇左，別樣桂林風情

陳淑貞

　　桂林「山水甲天下」中外聞名遐邇，其秀麗山水，無人不曉，眾所皆知，崇左 —— 位於廣西南疆國門邊境特區，其靚麗山水浩瀚雄偉，美不勝收。卻很少人知道，媲美桂林，並非浪得虛名，故有「靚麗山水崇左，別樣桂林風情」雅稱，我多年來嚮往已久，很想親臨目睹盧山真面目，這趟廣西行，終能圓夢，了卻心願。

　　今年 6 月初，經中國統一聯盟彭先生介紹，認識廣西台商交流協會黃理事，他在廣西南寧、崇左等地經商多年，人脈充沛。此次回台有意組團赴廣西參訪南寧「東盟國際經濟商務區暨邊境自治區」。旅遊地點：南寧、崇左、玉林等邊境特區，自然遺產山水名勝，行程表內容豐富，經詳閱後頗為心動，黃理事建議由本(全統會)名義組團，定名為「中國全民民主統一會 2017 廣西參訪團」。

　　本案經徵得吳會長同意，雙方達成共識，協議共同組團，全團團員 40 名，本會負責團員 20 名，其餘 20 名由彭先生負責，並簽訂合約，出團日期定為 106 年 8 月 7 日。

　　本團在會長呼應下，承蒙張屏，林秀珍副會長，黃錦璋等多位顧問暨執委，會員等共襄盛舉。

　　數日內已召集 20 名團員，大家興緻勃勃，期待出訪廣西、傲遊花山壁畫、大峽谷、跨國德天瀑布⋯⋯

　　孰料，三方在協商旅遊品質，食宿行程安排，旅遊保障等因素，均有落差，無法圓滿達成大家的期許。因而協議破局，彭先生有意自行組團，黃理事要求本會單獨組團，團員需 40 人以上，會長有感時間很短，召集團員不容易，且黃理事無法提供旅遊安全保障。(其辦理旅遊手續係委由交流協會代辦，並非國內合法旅行社)為旅遊安全考量，會長建議停辦此次參訪活動，淑貞感到前功盡棄很不捨，非常惋惜，身為全統會秘書長，首次承辦會員祖國參訪旅遊，怎可遇到挫折就半途而廢，為不辜負，會員期盼，義無反顧，本著服務熱誠，責無旁貸，仍繼續招募團員，積極尋求解決辦法。

　　於 7 月初，危機終於有了轉機，參加早餐會時，遇見本會執委，翔順旅行社王魁元董事長情商之下，答應接辦，以旅遊為主，團員 32 名即可成團，並願意擔任隨團領隊，精心規畫行程，妥善安排食宿。

　　感謝歐陽會員幫忙邀請七位好友共遊，黃顧問熱誠邀約宜蘭三位女友、還有台南同鄉、萬福大哥、玉珠美女等加入

行列，一團 33 人如期出團，特此致謝。感謝所有參與團員，讓我們順利成行，謝謝！

　　本團最初是參訪團，出團時以旅遊為主，參訪為輔，情非得已，抱歉！承蒙團友包容，萬分感激。

　　本團行前，於 7 月 29 日颱風夜，廣西崇左市長一行八人蒞台參訪，黃理事設宴於高雄香蕉碼頭，我以秘書長身份代表全統會受邀參加晚宴，因而認識台辦主任方文宏，相談甚歡。是夜，香蕉碼頭風雨蕭蕭，海景廳兩岸聯誼一片祥和氣氛，洋溢歡樂融融。

　　本團一行於 8 月 8 日抵崇左，當晚崇左市台辦主任、方文宏帶領龍州領導一行四人，親臨飯店探望團員，溫馨問候，親切熱忱，晚宴聯誼，杯酒交歡，共渡父親佳節，席間互贈禮物，展現兩岸一家親，隆情厚誼，全體團員留下難忘的回憶和懷念。

　　最後感謝吳會長手腕負傷參加帶領團隊，旅途上王董熱誠貼心辛苦陪伴，感恩盡在不言中。

　　團員熱情洋溢，和樂融融，餐敘間談笑風生，偶而傳來悅耳歌聲，激動之情溢於言表，頗感欣慰。

　　八天旅程天氣晴朗，平安順利圓滿返抵國門，團友在歡笑聲中互道珍重，期待再相會！

陳淑貞 2017.09.07

【主編說明】

《廣西參訪遊記》

中國全民民主統一會廣西參訪旅遊一書

編成說明

陳福成

　　中國全民民主統一會(以下簡稱本會)自創會以來，除了積極推動兩岸民間交流，為未來和平統一創造有利環境，本會也甚為重視「會史」，每年會員大會都要報告活動概況，重要大陸參訪也鼓勵參加的人，大家寫參訪紀行，彙整出版專書，這是唯一可以留住會史的方法。列如，本會 2014 年有北京天津參訪旅遊，回台即出版《中國全民民主統一會北京天津行》一書（台北文史哲出版社 2014 年 7 月出版）。

　　今年（2017）8 月，本會一行三十三人從 7-14 日的「廣西八日參訪旅遊」，行前已獲大家共識，鼓勵參加人員寫遊記心得，回來出版專書。惟，一本書的出版完成，最重要是須

要一位主持主編者，統一並完整的疏理所有稿件，從照片、序文、內文、附件等章節安排，先完成「書稿」模樣，在交付出版發行。筆者因較有經驗，行前已答應擔任本書主編，樂於從之，有為本會服務的機會。

8月14日，旅遊參訪團圓滿回到台灣，二十多天來，收到的稿件有會長吳信義，會員台客，陳淑貞、王世輝、蔡享民、張屏、黃錦璋、陳玉珠、吳元俊、陳秀梅、周談輝、傅月英、林美惠、周安花、周兆熙、邱秀玉、黃昭升、彭正雄。另筆者為充實本書，補記若干作品，也都是針對廣西之旅各景點。能提供稿件，不論長短多少，都是珍貴與珍情，同樣受到珍惜。

本書除內文散文、詩品，請會長和台客各提一序，書前有許多光鮮亮麗彩色照片，都從大家所照挑選，另外廣為宣傳本會組織、宗旨等，書末將本會「章程」列為附件，為使讀者也能對本會有所瞭解。

我以主編的身份，感謝所有能讓本書順利出版的人，照相、寫稿、題序，負責出版發行的彭正雄先生最辛苦，本務外承擔雜務亦多，感謝他！

針對所有稿件，為能合於一篇文章架構思維和美感，考量成本和節約，部分做了小小的修整，主要仍保留每人寫作感想的原味原意。

大家都知道，會長吳信義在出發前數日，手部受到撞傷，甚為不便，他依然打起精神，承擔此行之領導，怎不讓人感

動，有你真好！全體會員的福氣，全體會員祝福你！感謝你！

　　本書編成，筆者亦仔細完成三校工作，惟老眼昏花，魯魚亥豕，在所難免，多多見諒。（中國全民民主統一會會員、台北公館蟾蜍山萬盛草堂主人 陳福成 誌於 2017 年 9 月初吉日）

廣西參訪遊記團體圖影

明江遊船遠觀花山壁畫

2017/08/08

明仕田園

2017/08/09

崇左兩岸聯誼　2017/08/08

崇左聯誼晚宴　2017/08/08

百鳥岩

船遊百鳥岩

百魔洞

2017/08/11

巴馬長壽村　2017/08/11

【吳信義作品】

廣西參訪旅遊有感 D 日

吳信義

　　廣西八日遊第一天我們齊聚桃園機場，由導遊翔順旅行社王董事長魁元帶領大家完成行李托運後，分別各自出境，搭澳門航空 14：40 班機，兩小時後抵澳門，停留轉機搭 17：20 班機，一小時又二十分安抵廣西南寧。

　　進住南寧天宇酒店前，地陪先帶領我們晚餐，餐中王董很有心，準備兩層蛋糕，特別為今日壽星歐陽布大哥慶祝生日，大家齊唱生日快樂歌，八月份有幾位壽星亦在大家一齊的祝福下歡度，溫馨感人，留下難忘的回憶照片。很難得有泰半團員不認識，分別來自高雄桃園宜蘭等地，大家因同行彼此交談親切很快打成一片。

　　本團有學者教授、有文人雅士、有大學校長、有出版社社長、有書法家，全統會兩位副會長、多位顧問共襄盛舉，秘書長特製作本會紅布條兩旁有會旗，將留下美美團體照，期待八天之旅能人人快樂滿意。待續…2017.08.21

廣西參訪旅遊有感 D+1

　　好山好水好風光，能與諸多初識到熟識友好同遊八天，見識大自然之美，人生至樂!

　　上午從南寧拉了二、三小時車來到廣西壯族自治區，友誼關是中國和越南之間的重要關口，我們好奇走到越南與中國交界邊界留影，1965 年更名友誼關。聽說一河之界及一牆之隔的邊城經常有毒品交易走私。下午來到廣西省第一個對外開放的龍州縣，我們從龍州左江上金碼頭，搭乘遊船觀賞兩岸壁畫，年代逾二千年，是壯族先民的創作，內容多為狩獵野獸家畜等，朱紅色畫作至今未褪色。

　　晚上住宿於龍嘉大飯店，廣西崇左市國台辦方文宏主任、在龍州國台辦主任黃峰明副部長陪同下與我們共餐，彼此把酒言歡，熱絡聯誼交流，互贈書畫文集，展現兩岸一家親。

廣西參訪旅遊有感 D+2

　　第三天我們從龍州到大新乘車約兩小時，參觀明仕田園。這是大陸國家一級景點，33 人分乘三部竹筏遊覽明仕田園，竹筏上有導覽解說小姐及船伕，備有花生及當地小梨子茶水點心，同船大家咸認花生好吃全部買回，船沿岸景色優美目不暇給，抵終點上岸徒步，欣賞陸上另一種意境美。大家悠閒漫步，拍照處處取景，有度假的清閒自在，這裡山青水秀素有小桂林之美稱。

　　午餐在農家菜館，每桌必有啤酒，是否中國人所說無酒不成席成習？三桌人互敬聯誼增進認識，餐後又搭一小時車來到是亞洲第一、世界第二大的跨國瀑布～德天瀑布，沿線導遊介紹中越兩國邊境上的歸春界河，源起廣西靖西縣歸春河，終年有水，流入越南又流回廣西，經大新縣德天村處遇斷崖跌落而成瀑布。層練巒疊嶂，山青林密，流水從 80 米中越接壤地：高浦湯島上飛瀉而下，一波三折，形成了三級瀑布，瀑布氣勢磅薄，水勢激蕩，聲聞數里，蔚為壯觀！德天瀑布遠眺近看有不一樣的美。今晚我們下榻華西國際酒店。因今天上、下午都是走路行程，許多人晚上前往按摩院舒展筋骨解疲勞。

廣西參訪旅遊有感 D＋3

　　第四天來到通靈大峽谷，位於靖西縣湖潤鎮新靈村，距縣城及德天跨國瀑布均為 30 餘公里，整個景區由念八峽、銅靈霞、古勞峽、新靈峽、新橋峽組成，總長 10 公里。各峽谷間有巨大的地下暗河相通，這裡有凌空懸掛著千姿百態巨大的鐘乳石，薈萃成了奇特的地形地貌，凌空高懸的瀑布宛如千匹巨大的白簾從懸崖跌落深潭後消失無蹤。

　　中午在通靈餐廳相互交流，相談甚歡，餐中幾位愛歌者率先帶唱，在大陸客中聽來倍感親切，因為同宗、同族、同種語言沒有隔閡。餐後車程約二十分，來到舊州，雖只是一條街道，但這裡家家戶戶人人都會刺繡，繡球成為此地特產，七、八十歲老太太，不必帶老花鏡都能穿針引線，我們佇足欣賞，佩服他們伶巧的手藝，從小到大，也許心領神會，用心刺繡不必用眼吧！街中看到一位老先生作畫五十年，從國畫到西洋油畫，將廣西好山好水好景入畫，許多人訂購，奇貨可居呢？

　　舊州到鵝泉二十分車程，烈日炎陽高照下，我們徒步十幾分鐘來到鵝山山麓，與大理蝴蝶泉桂平西山乳泉並稱西南地區三大名泉，為靖西八景之一，鵝泉既是德天瀑布的源頭，亦是珠江的源頭之一，在現場看到湖面一直不斷湧泉，水深數丈呢？令人讚嘆！

廣西參訪旅遊有感 D+4

第五天上午旅遊景點是田州古城，位於廣西壯族自治區百色市田陽縣，田陽縣位於壯族自治區西部，右江河谷中游。東鄰田東縣，南接德保縣，西與百色市右江區接壤。北界巴馬瑤族自治縣。

第二站來到位於廣西河池市巴馬縣甲篆鄉坡月村西側，這是最為雄偉壯觀的石灰岩溶洞。在巴馬至鳳山二級公路邊，距縣城30公里。1987年，當中國和英國的岩溶地質專家踏進了百魔洞，進行了聯合考查後，一致認為：該洞集天下岩洞之美於一身，可號稱天下第一洞，洞的平均高度為80米，寬70米，主遊路程4000多米，盤陽河從百魔洞下流過。它獨到之處還在於它的鐘乳石高大氣派，據測量，最高的石筍為39米，直徑為10米，景點設有：孔雀迎賓、良田萬頃、金山猴王、杜甫吟詩等。

下午大家前往心中嚮往的巴馬長壽村，全世界五大長壽之鄉。巴馬瑤族自治縣於1991年國際認定，2003年頒發正式的証書，據國際自然醫學會的標準長壽之鄉的條件是每10萬人中至少得有百歲以上老人7名，而目前擁有24萬人口的廣西巴馬縣，百歲老人竟高達76名，每10萬人中擁有31.5位百歲老人，是國際州4.5倍，在世界五大長壽之鄉中名列第一名，可謂名副其實。在長壽村我們拜訪一位今年112歲的老太太，大家紛紛與她合影，心理上都希望沾點長壽的喜氣。

廣西參訪旅遊有感 D+5

　　第六天船遊百鳥岩，景區是親水的觀光區，陰陽兩界交替，乘船游水波天窗，賞皎月由缺變圓，一輪輪美景躍動於碧波光影之上，美侖美奐，變化萬千。洞內多處象形乳石景點，唯妙唯俏，美不勝收，洞口寬敞，越往越窄，各天窗之間是黑白輪迴，陰陽交替，一會兒伸手不見五指，一會兒重見天日，如夢初醒，恍若三天三夜隔世。我們分乘三條船，彼此互相拍照留下很美回憶。可惜因漲潮，水位升高，只能前往一處，另兩處洞口船入恐有危險，湍急的漩渦，有風險有刺激。

　　中午在香豬飯店用餐，顧名思義幾道豬肉餐食很有特色，每桌兩瓶啤酒清涼消暑又解渴，導遊提醒下午由巴馬要拉車四~五小時才能抵南寧，女生如廁不便不敢多喝。

　　下午上車午休一小時候後，開始自我介紹，因車上安全顧慮，只介紹五位，所幸幾天來的共餐同遊大夥已熟絡，新交或故友都有進一步的認識，來此看到香蕉、芭蕉、西瓜、蘋果、梨子、龍眼等夏季水果比台灣便宜，天天享用，輪流請客，皆大歡喜。

　　傍晚回南寧維也納酒店，大家盡情歡樂，把酒盡歡，因為明天是輕鬆南寧半日遊，下午就搭機到澳門，將結束廣西之旅。

廣西參訪旅遊有感 D＋6

　　第七天第一站來到青秀山，又名泰青嶺，因林木青翠，山勢秀拔而得名，素以「山不高而秀，水不深而清」著稱。青秀山一般指青秀山風景區，位於廣西壯族自治區首府南寧市青秀區境內的邕江江畔，包括青山嶺、鳳凰嶺、子嶺、佛子嶺、雷劈嶺等18座大小嶺，面積791公頃。

　　第二站來到位於風光秀麗的南湖湖畔之南湖南廣場，是南寧市政府和市民捐款780萬多萬元，共同興建的標誌性園林廣場，佔總面積30.1萬平方米，其中水域面積2636平方米，草地面積22萬平方米，園內引進了21種名貴大樹455株，如佛肚竹南洋杉台灣相思等名貴竹木，另有榕樹、芒果、大王椰等。園中胸徑達1米以上的樹有170多株，大規格的棕櫚科植物有300多株，沿湖綠化區有棕櫚、蒲芙、假檳榔等風景樹，道路兩旁，種有蝴蝶果白千層銀樺等富於觀賞價值的亞熱帶特色的花卉草木等上百種名貴花卉，大家分乘兩部遊園電動車，走馬看花，算來此一遊。

　　第三站是廣西民族博物館，是第三個自治區級博物館，是迄今廣西展示面積最大設施較為齊備的民族文化專題博物館。此館址位於美麗的邕江江畔，南寧市青秀山風景區內，佔地130畝，總建築面積30500m'還附屬有60多畝的廣西傳統民居建築露

天展示圖。

　　下午五點五十分由南寧飛澳門，在機上用簡易餐點，讓大夥抵澳門要上館子吃宵夜，旅程一、二小時非正餐。我們正式結束廣西之旅。2017.08.23

廣西參訪旅遊有感：歡樂午宴 D＋7

　　廣西旅遊參訪之旅，第七天夜宿澳門，翌日帶給大多數人澳門舊地重遊，不一樣的人、同樣的場景、有不一樣的回憶。中午在一家京都酒樓歡宴，大家心情特別愉快，因為八天行程順利平安即將圓滿結束。

　　幾位好友酒興之餘帶動歡唱，學影劇的歐陽學長有感八天來接近好山好水，憶起逾一甲子歲月前，小學老師教唱一首歌，他先吟歌詞，再唱小調，唱做俱佳演出，讓大家無不動容落淚，歌名是「流水」歌詞很美，特摘錄分享；

　　　　門前一道清流，夾岸二行重柳，
　　　　風景年年依舊，只有那流水總是一去不日頭，
　　　　流水呀!請您莫把光陰帶走。

　　名詩人台客亦心血來潮，吟李白的「山中與幽人對酌」詩：

　　　　雨人對酌山花開，一盃一盃復一盃，
　　　　我醉欲眠卿可去，明朝有意抱琴來。

　　因有兩位唱歌吟詩帶給大家難忘很美的情境，歡樂午宴在澳門。特分享此行文集回憶。

感謝感恩有您們

　　廣西旅遊圓滿結束，連日來寫了旅遊簡略行程，亦寫下個人感想，除提供編輯小組參考，也請到台客廖振卿兄應允為本書寫序，請秘書長、俊歌、秀梅、美惠、玉珠等提供此行美照，遲至今才向參與此行的所有好友說：因為您們的參與豐碩此行多采的回憶，除了感謝還要感恩。

　　一個團體的行程，在地陪安排下順利參訪，除了靠大家配合支持，最重要的是守時集合上下車，八天來本團員無掉隊延誤行程，住宿飯店亦能遵守一切相關規定，這是值得表揚的團隊紀律。乘船搭船上下有序，此行有多次搭船、竹筏、橡皮艇、都能安全無恙，全賴大家的合作配合。

　　本人因手傷裹上石膏，生活起居幸賴室友錦璋兄無微不至的照顧，旅遊用餐有享民兄、台客、若鋆、及陳秘書長等的貼心服務，行李上下車蒙進福哥、俊歌、魁元兄等諸好友熱心協助，諸多好友熱心招呼，心存這分感激，對大家的關愛，只能以感謝感恩表達個人肺腑之言於萬一。

群組增進友誼

　　廣西之旅，行前為團員信息傳遞之便，成立共同群組，除連絡協調方便外，在大陸以微信互聯，回台灣以Line互通，無論問早道好或照片分享，的確帶來許多方便，更重要的是建立更深厚的情誼。因為網路之便。

　　回台後請團員提供個人拍照美景並書寫心得，俾旅遊編彙小組運用參考，一切資訊靠伊媚兒信箱及Line網路即可傳寄，有電子檔文字立即轉換，不必大費周章打字，省錢又省時，一勞永逸。拜網際網路之賜。因傳Line而增進團員相互認識，緣起不易緣續要靠大家努力。月來透過交流，大家仿如一見如故老友，無所不談，友誼靠相知，感情靠相惜，相知相惜友誼長存。

　　我始終相信群組要經常有聚會聯誼才能緣續，定期或不定期的會餐旅遊才是維繫感情的基石。凡事緣起緣續有一天必緣滅，我們重視過程而不要在乎結果。那麼經常相聚見面的當下，才是生命的重點，您以為然否？

【台客作品】

全統會廣西之旅花絮

台　客

今年八月七日至十四日，全統會廣西之旅八日遊參訪團，全團連領隊王魁元共三十三人，分別抵達遊覽的地方計有澳門、南寧、崇左、龍州、靖西、田陽、巴馬等地。大家玩得盡興，每天吃好、睡好、玩好，短短八天轉眼而過，留下難忘回憶！

以下且以輕鬆的筆調，記敘幾則此行中的一些花絮！

1.寶貝與美女

領隊王魁元是承辦此次旅遊團的翔順旅行社的董事長，他十分重視此次參訪團，故親自擔任領隊。起初一兩天大家一直稱呼他：「王董、王董」，他十分謙虛，請大家改稱他「寶貝」即可，「否則罰人民幣一百元」。在他的嚇唬之下，大家不得不改稱呼他為「寶貝」。

「寶貝」此行一路盡心盡力照顧大家，沿途買芭蕉、蘋果等請大家品嚐，並時常加菜，讓大家每天都吃得好飽好飽。

八天下來每人都胖了好幾斤，回台後又要煩惱減肥問題了！

「寶貝」此行邀約了一位「美女」陳玉珠小姐參加。玉珠小姐猶待字閨中，是位書法、繪畫方面全材的藝術家，人長得漂亮，氣質出眾。在全團都是老男人與女人中，她成為唯一「亮點」，不注意她也難。難得的是「美女」為人親和，幾天下來和大家「打成一片」！

2.輕鬆與緊張

「輕輕鬆鬆還是緊緊張張？」

「現在是 7 點 90 分，好時光，我們準時出發…」

這是此行廣西隨團導遊劉鈞每天的口頭禪。幽默的語言，剛開始聽有些詫異，聽幾遍下來也就「見怪不怪」，最後大家也都把它視為理所當然了！

劉鈞導遊現年四十出頭，他請大家稱呼他「小劉」即可。「小劉」從大學二年級開始即帶團導遊，至今已有將近二十年的資歷。由於走的地方多，見的人多，加上肯用功吸收各種新知，小劉學識十分豐富，講起話來滔滔不絕，上至天文，下至地理都能侃侃而談，令大家十分佩服。本會顧問台客就當面讚揚他可來台灣當名嘴或選立法委員，保證名利雙收，財源滾滾！

有鑒於小劉一路辛苦的講解與服務，台客特於最後一天離開南寧前，贈送了一本最新詩集《歲月星語》給他！

3.錦璋不兇

本會顧問黃錦璋家住宜蘭頭城，今年6月剛當選中國國民黨黨代表，我們恭喜他！

「錦璋」和「緊張」同音，只要有人叫他「錦璋兄」，他即會幽默的回以「錦璋不兇」。久之，大家乾脆就叫他「緊張不兇」了。

「緊張不兇」在宜蘭有一棟超級豪華大別墅，全統會去年辦太平山活動，曾順道到他府上參觀。此次廣西之旅結束前，他龍心大悅，邀請大家9月份再到他的超級豪華大別墅一日遊，由他做東請客，令人期待！

4.內傷與外傷

本會會長吳信義於此次參訪團出發前一個多星期，因在家附近騎腳踏車不小心和機車相撞，導致右前臂骨折，綁上固定石膏，行動十分不便，但仍帶傷參加，令人感佩。

而本會秘書長陳淑貞出發前感冒未癒，支企管發炎，咳

嗽不止，但仍帶病參加。兩位重要負責人，一位外傷，一位內傷，但責任心使然，使他們堅持到底。幸賴全體會員自動自發，通力合作，互相幫忙，終於順利完成此次所有旅程。

5.台辦人員餐敘

　　參訪團行程第二天，來到崇左市。當晚有三位台辦人員前來與大家餐敘，他們是廣西崇左市人民政府台灣事務辦公室科長黃忠輝、方文宏主任與廣西龍州縣統戰部副部長、台辦主任黃峰明。

　　在餐敘之前特由本會會長吳信義及秘書長陳淑貞贈送台灣帶來的鳳梨酥，本會顧問黃錦璋贈墨寶，本會顧問彭正雄贈『華文現代詩』詩刊各一本。餐敘中三位台辦人員也前

本會吳會長、張副會長、林副會長、陳秘書長與崇左市台辦交流合影。

來每桌向大家敬酒，歡迎大家經常前來廣西旅遊。

　　原本最後一天參訪團回南寧時，也要和台辦人員交流並參觀南寧市政府。但因恰逢星期日不上班，最後只好取消！

本會顧問黃錦璋贈墨寶崇左市台辦

6.孝子若鋆

　　本會副會長張屏，今年高壽 91 歲，但身體健康，此次也隨團參加旅遊。他的兒子張若鋆，是現任榮民工程處工程師，因擔心父親而特別向榮工處請假陪伴。沿途照顧老父無微不至，孝心令人感動。

　　會員美枝姐感動之餘，也主動參與照顧之責，一路牽著張屏副會長的手，令人看了特別感到溫馨！

　　若鋆和我同年，目前每天仍從基隆趕火車至鶯歌上班，他上班的地方捷運工程辦公處離我家很近，我邀請他有空來我家坐坐，順便參觀我收藏的一些奇石雅石。

7.五對夫妻檔

　　此團共有五對夫妻檔參加，他們是彭正雄、韓游春，王世輝、林秀珍，劉文恕、許世霞，董瑞麒、黃素琴、謝隘全、傅月英。五隊都是老夫老妻，幾十年的感情，至今仍然恩愛相隨。看得我們這些單身參加者有些吃味與感觸！

　　五對中大概彭正雄社長這對是最「資深」的，已有將近

一甲子的鑽石婚史。彭社長經營出版事業幾十年，一向本著「吃虧就是佔便宜」的心態為文友服務。此次他慨允為全統會此行出書，每人只出少許的錢，其餘不夠完全由他吸收。您說，能不令人感動！

8.模範父親享民兄

　　本會顧問蔡享民，此次廣西之旅出發前夕，因事業有成，家庭美滿，獲得其社區主委推薦而當選模範父親的表揚。我們再次恭喜他！

　　享民兄為人謙虛隨和有禮，此次旅程和我同房，七晚中總是把主床讓給我，令我十分過意不去。我想請他睡主床，他說：「你是文學家詩人要創作，一定要睡主床多尋靈感……」

　　享民兄每晚洗完澡後總要洗衣服，他說這已成他的習慣。據說在家中拖地板、洗衣服、碗筷也都是他這位「家庭主夫」的責任！我想享民兄今年榮獲模範父親，真是實至名歸啊！

顧問蔡享民與陳秘書長合影

9.三朵金花

　　此次參訪團有三位原住民女士，由「緊張不兇」推介參加，她們是李桂春、周安花、陳秀梅，分別代表泰雅族、卑南族與阿美族。原住民婦女善於歌舞，可惜此次由於時間有限，沒有特別安排她們出來公開表演，僅私底下聽到她們美妙的歌聲，實為美中不足。

　　三朵金花由於參團幾日來感受到全統會會員的無私與熱忱，最後答應加入全統會成為會員，使得全統會的會員擴及於少數民族，實是此次舉辦參訪活動的另一收穫！

美女、三朵金花暨一點藍

10.幾個小意外

雖然此行基本上十分圓滿，但旅途中也發生了幾個小意外。

首先台客的一顆門牙於旅程的第二天突然脫落，害得他變成「無齒之徒」。接下來幾天造成飲食不便及照相時不敢開口笑。第四天團員林盈榮突然腹瀉不止，停了兩餐並吃了幾顆止瀉藥才康復。

旅行至第五天時，某次參觀一個景點完畢，大家上車車子開動了，周談輝校長突然大聲說：「等一下，我的眼鏡掉了！」司機只好繼續往前駛，並找機會調頭返回尋找。正當大家為他擔心時，周校長東摸摸西找找，突然又說：「不用調頭，眼鏡找到了！」原來眼鏡就藏在口袋裡，他太緊張了！

旅行倒數第二天，飛機由南寧飛澳門，當抵達澳門機場大家準備下飛機時，彭夫人韓游春會員，突感身體不適，嘔吐不止。嘔吐完後，在機上待了十餘分才下機。幸好抵酒店休息一晚，第二天即恢復元氣。

11.眼力好不好

本會顧問周談輝未退休前的最後一個職位是康寧大學校長，故大家一直以周校長稱呼他。其實他的職務還有十多個，比如中華民國國際就業安全總會理事長、中華民國電腦教育發展協會理事長等等。

某天在餐廳吃飯，有會員向他要名片，他問對方：「你眼

力好不好？」正當對方一頭霧水，周校長解釋，他印有兩種名片，一種字體較大，所寫的職務較少；另一種字體較小，所寫職務也較多！哈哈，送名片還要問眼力，您大概也是首次聽聞吧！

12.三位董事長級團員

此次參訪團除領隊王魁元董事長外，另有三位「董」級人物，他們是鴻谷開發事業股份有限公司董事長王世輝、喜福會智慧科技股份有限公司董事長李宗達、兆輝塑膠有限公司董事長周兆熙。三位董事長都平易近人，毫無大老闆的架子，和大家談天說笑玩在一起。

此外，有「三嫂」之稱的林美惠是台南同鄉會總幹事，巾幗不讓鬚眉。旅途中經常可以看到她活潑的身影與燦爛的笑容！歐陽布與董瑞祺二位學長是紐西蘭歸國僑胞，全程參加此次參訪團，讓全統會增光不少。

13.省錢一哥俊歌

現任台灣大學退休人員聯誼會理事長的吳元俊，筆名俊歌，為人隨和，酷愛旅遊。每到一處新景點他必先四處打探，搜集資料。數年前我和信義兄等幾人和他一起去山西旅遊，因經常找不到他的人，故封他一個「過動兒」的封號！

此次前往廣西旅遊，前後八天，他僅因捧導遊的場，最後一天買了一包人民幣五十元的木耳，其餘東西一概沒買。原來他還是一位「省錢一哥」啊！

14.百鳥岩留影

　　旅遊第五天下午，來到巴馬鎮逛百魔洞並探訪 112 歲老壽星。次日上午乘船遊百鳥岩。行程結束後來到出口處廣場，有一少女穿戴美麗的瑤族衣裳邀人合影，一張要價人民幣十元。

　　周校長受不了誘惑首先前往合影，繼請全體集合與少女大合影，講好一張也是人民幣十元。結果照片洗出來放大要價一張人民幣三十元，後又降價成人民幣二十元，有多位團員購買，讓商家多賺了近兩百元人民幣！

15.撞一撞搖一搖

　　此次我團共前往兩個少數民族的地區，據導遊說崇左這個地區百分之九十九點八的比率都是壯族人，而來到巴馬地區則是瑤族人的天下。

　　當我們來到壯族地區，閒聊時周校長老開玩笑的說：「來

到壯族地區怎不去撞一撞啊！」抵達瑤族區又說：「應該去搖一搖才對！」至於什麼是撞一撞，什麼是搖一搖，只能各憑想像。反正六十歲以上的老人有口無心，只能出一張嘴。

16.生日蛋糕

當我們參訪首日晚上抵達南寧用晚餐時，用餐進行到快結束，領隊「寶貝」拿出一盒大蛋糕，並宣布八月份團員中有四位壽星，他們是李宗達、歐陽布、董瑞麒、彭正雄，請四位出列，大家為他們唱「生日快樂」歌！

於是大家拍手大聲合唱，一遍又一遍。然後切蛋糕，每人都品嚐到美味的蛋糕滋味，度過一個難忘的夜晚。

歐陽慶生晚宴　2017/08/07
於南寧朝陽餐廳

17.酒好喝還是汽水好喝

此次旅遊出發前，祕書長為了讓大家盡興，特購買了幾瓶金門高粱等好酒同行。但因團員中大部分都是老人或婦女，能飲者不多。導至在廣西最後一天，攜來的好酒還沒喝

完，最後只好做個人情，送給導遊「小劉」接收。

　　某次餐會「緊張不兌」恰坐在我旁邊。我見他和人乾了一小杯高粱，立即又喝了一口汽水潤喉。我問：「是酒好喝還是汽水好喝？」「緊張不兌」想了想說：「還是汽水好喝！」

　　這就對了，台客老是想不懂，為什麼那麼辣口難喝的酒，偏偏有人那麼愛「消滅」它。最後你消滅不了酒，反而是酒終於把你「滅掉」！

18.三雙越南橡膠拖鞋

　　旅遊第三天，當我們即將抵達德天瀑布景區時，導遊小劉介紹說，此地商家有賣越南橡膠鞋，價格不貴又耐用，屆時有需要的可利用時間購買。

　　果然在參觀完景區回程路上，見有很多商家店裡都有堆積如山的拖鞋，但怎麼購買才經濟實惠呢？隨意逛了幾家商店不得要領，只好空手而回。

　　返回指定集合地點，不久見李宗達、蔡享民二位每人各提了一袋拖鞋回來。問明了價錢及購買的商家，立即在他們兩位熱心陪伴下前往購買，三雙售價人民幣四十元，約台幣不到兩百元。返台後試穿，感覺滿舒服的。哈哈，買對了。真的，有時旅遊購物也是一種樂趣！

（2017/8/20）

【台客作品】

廣西之旅記行

台　客

　　今年六月中旬，正當我回台南探親並開車外出時，突接信義會長來電，問我要不要參加八月七日起，由全統會舉辦的廣西之旅八日遊。雖然行程中的上半段景點，我 2004 年時已遊過，但我僅僅考慮不到五秒鐘就答應了。因為舊地重遊也會有新發現啊！更何況參與的人不同，玩法就不同，這點或比景點更重要！

　　報名後等啊等，終於要出發了，大家準時到機場集合。全團 33 人，陣容龐大。八天時間說長不長說短不短，終於結束了，安返國門。八天中去了哪裡啊！總不能如某些導遊所說的：「上車睡覺，下車尿尿，進店買藥，回來什麼都忘掉！」回憶回憶啊！我們到底遊了哪些知名景點，您對這些知名景點又有些什麼感受呢？

一、德天跨國大瀑布

　　2004 年曾到過德天，但此次到來發覺周圍景觀改變不少，不變的還是瀑布。氣勢仍然那麼壯盛，不愧亞洲第一的跨國瀑

布。走路來到瀑布附近，穿上救生衣，登上可載十人的膠筏，膠筏在瀑布下方沖成的水潭上繞行著，讓我們充分感受到瀑布的威力。

德天瀑布是由中越兩國共管，中國部分叫德天，越南部分叫板約。德天大概佔河道三分之二面積，板約僅三分之一。在河道中間的沙積處，你可看到架起一條小橋，走過這條小橋你就「出國」到越南了，真有意思。

形成德天瀑布的河叫歸春河。此河發源於中國，蜿蜒流入越南，至德天瀑布後又重新流入中國，故名「歸春」！

二、友誼關

友誼關位於中越邊境，當中國所有邊境的關隘諸如山海關、嘉峪關、雁門關、娘子關等都已退休賦閒，只有它仍擔負著守衛邊境的重責大任。

友誼關自西漢時期即已始建，歷經唐宋元明清的修建而愈加完備。它的名字也一變再變，雞陵關、大南關、界首關、鎮南關、睦南關都曾是它的名字。

2004年我初抵友誼關時，見到它古老滄桑的面貌，回想著歷史中它曾經擔任的幾次戰役角色，內心激動不已。此次前來則心情平靜。一則舊地重遊已無新鮮感，再則年歲虛長，如今垂垂老矣，不再有往日情懷！

三、船遊明江觀花山壁畫

明江為左江的支流，河面寬闊，水流滔滔。河兩岸喀斯特

地形，山巒高低起伏，青山疊翠，綠水環抱，薄霧繚繞，宛如仙境！

　　船行期間，隱隱可見高高的崖壁上有些「塗鴨」的紅色痕跡。導遊說這是兩千多年前先人留下來的壁畫，至今仍不褪色，真是神奇啊！

　　花山壁化到底是誰畫的？畫了些什麼？據專家考證結果，應是壯族祖先所畫，大抵是一些狩獵、野獸、家畜等圖騰。

　　至於壯族祖先如何登高作畫，使用了哪些原料等等一連串疑問，至今仍無法完全解答！

四、明仕田園遊船

　　位於德天瀑布不遠的明仕田園，宿有「小桂林」之稱。來到此地只見一汪碧水流淌，翠竹繞岸，獨木橋橫，稻穗搖曳。河兩旁有時可見農夫荷鋤，牧童戲水，讓人有彷彿到陶淵明筆下的「桃花源記」裡的感覺。

　　我們搭乘著竹筏，順流而下，只見兩岸層巒疊翠，群峰競秀，或峰林疏落，或平坦開闊，山青水秀，不醉也難！

　　欣賞完了兩岸風光，船上導遊阿妹又帶我們上岸至陸地的壯族紀念公園參觀各種少數民族圖騰等建築。並讓我們自由採購土特產及紀念品等，才又返回車上！

五、通靈大峽谷

　　旅遊至第四天，我們抵達靖西縣遊通靈大峽谷。通靈大峽谷整個景區由數個峽谷組成，總長約十多公里。我們先沿著石

階一步一步往下走，走了約十多分鐘，終於下到谷底。沿著地下伏流往前走，約十多分鐘，只見一道長約一百六十多米，寬約三十多米的瀑布出現在眼前。

雖然此時不是雨季，但瀑布的流水量仍十分可觀。長長白色的瀑布，宛如垂掛在山上的一條白色哈達，又似天上銀河落凡間！大家在瀑布前盡情的合影，擺出各種可愛的姿勢，留下難忘的回憶！

看玩了瀑布，我們又沿著河道行走，觀賞地下伏流以及兩旁奇形怪狀的鐘乳石壁。走著走著，時時有水滴從頭頂岩壁滲下，滴在你的頭上身上，感覺清涼無比！

六、繡球一條街與鵝泉

繡球一條街位於靖西縣的舊州，此地有一條街，居民幾乎全部以縫製繡球、販賣繡球為生。大大小小的繡球擺滿店面。可惜我團人員似乎對繡球興趣缺缺，僅有極少數人購買！

值得一提的，街上有一戶農民畫家，家中擺滿了油畫，任我們自由參觀。其油畫取材，皆是故鄉附近的青山綠水。據說這位農民畫家年輕時曾流浪在外謀生，近七十歲時才又返回故里，專心作畫。如今年過八十，他的畫作在故鄉已有一定的知名度，訂購者不少！

導遊又帶我們到繡球街旁的一條橋參觀，只見河水清澈見底，河中有當地兒童戲水游泳。河岸遠處喀斯特地貌的一座座山峰，參差不齊的隨意排列，真是美極了，宛如國畫裡的風景。

．

鵝泉（封底圖）位於靖西縣的鵝山山麓，是由一大片的湖泊

組成。湖面可以泛舟。我們僅僅進入景區匆匆走了一圈即出來，因為中午時分太陽實在太毒辣了。

據說鵝泉是德天瀑布的源頭，在湖中央有一個很深的泉眼，源源不絕的湧出清澈的泉水，再流入河中。

既名鵝泉，理應有鵝。但我們入內參觀並沒見到鵝，僅有一群鴨子在湖上悠游覓食！

七、長壽之鄉巴馬

來到長壽之鄉巴馬，導遊帶我們去三個景點。一、參觀百魔洞。二、拜訪百歲老人。三、搭船遊百鳥岩。

.

百魔洞是一處掏空山腹的天然溶洞，洞內相當大，可容千人以上同時進出參觀。洞內空氣清新涼爽，有很多來自全國各地的退休「候鳥族」，長期來此打坐修心養性。

除了空氣清新富含大量舒肺的負離子外，洞內還有很多造型奇特的鐘乳石可供參觀，諸如孔雀拜觀音、奔馬、金山猴王等，美不勝收！

.

我們拜訪的這位壽星叫黃媽干，光緒 30 年出生，今年已112 歲了。她身體仍十分健康，坐於家中太師椅上和我們合影，表情平淡，從頭到尾不說一句話！

合影完後的團員，每人要包一個小紅包給壽星。導遊有交待，一定要包單數，因為瑤族人不喜歡雙數，這點卻和我們漢人有所不同！

.

　　百鳥岩是一處充滿伏流的地下溶洞，欲入內參觀必需搭船。為什麼叫百鳥岩，因此溶洞上方鐘乳石縫隙住了很多的鳥類。由於洞內忽明忽暗，彷若白天黑夜陰陽交替世界，故又名「水波天窗」。

　　由於適逢地下水漲水期，洞內水流湍急，原本入洞半個鐘頭的行程，僅僅走到一半即調頭返回。船上介紹風景的瑤族阿妹，一邊推銷 CD 片及長壽書，一邊說：「留個遺憾，下次再來！」

八、澳門小住一晚

　　廣西之旅最後第二天下午七點多，我們由南寧搭機至澳門機場，再搭車至利奧酒店入住時已晚上近十一點了。雖然酒店的地下樓即有賭場，且發了免費喝飲料的招待券給我們，但大家都不想下去試手氣，只想洗完澡趕緊躺在床上睡覺休息！

　　第二天上午逛大三巴牌坊、玫瑰教堂、漁人碼頭…，導遊帶我們去購物買蛋塔、各式糕餅甜點。吃完最後一餐午飯，快快樂樂至機場搭機返台。

（2017/8/17）

【台客詩作品】

詩詠廣西之旅八首

台　客

在巴馬長壽村

在巴馬長壽村
我們看一條河
蜿蜿蜒蜒流過盤陽河
在大地上揮寫著「命」字的天草

在巴馬長壽村
我們遊百魔洞
大量舒肺的負離子充塞身心
一座天然的大氧吧

在巴馬長壽村
我們去探訪一位老壽星
清光緒年間出生黃媽干
今年高壽 112 歲！天哪

她默默地坐於太師椅上
表情淡然和我們合影
我們希望沾染她的長壽
恭敬遞上吉祥的大紅包

部分團員與 112 歲老壽星黃媽干合影

在巴馬長壽村
人人都想知道長壽的秘訣：
金木水火土五行俱備
養神養氣養性養德養心缺一不可

看哪！百魔洞外那一群老者
黃昏時刻他們有的拉彈樂器
有的引吭高歌有的翩翩起舞
他們正是五行文化的實踐者

詠友誼關

爭戰時候
你金戈鐵馬耀日月
雄鎮南方一隅
你叫鎮南關

承平時候
你伸敦睦的手
拉緊了兩國人民距離
你叫友誼關

全統會全體團員合影於
友誼關前

在中國廣闊土地上
所有關隘如今都已退休
獨剩下你
猶肩負著重責大任

望著每天來來往往
人潮貨物不斷進進出出
你目光不移信心堅定
默默守護著國境最南方

再訪澳門

再訪澳門
海水依舊湛藍
冰仔島與澳門半島依舊若即若離
一條友誼大橋把它們緊緊聯繫

再訪澳門
大三巴牌坊依舊哀怨聳立
媽祖閣香火依舊裊裊
大街小巷人潮擠啊擠

再訪澳門
娛樂場一棟比一棟豪華
在天空中競逐著美麗
葡京金沙威尼斯人今晚你入住哪裡？

再訪澳門

大三巴牌坊哀怨聳立

這座南中國海上的花園城市
越夜越迷人
多少人走了進去走不出來！

重遊德天瀑布

重遊德天瀑布
看你依然怒吼著奔騰著
像狂放的千匹白鍊
像不羈的萬匹奔馬

一條河隔兩國
左邊中國右邊越南
一道瀑布也兩國共管
你說德天他說板約

眾水滔滔奔流不止
才不管你們的爭吵
它只是一直往前跑
直到投入大海的懷抱

德天瀑布近景

詠花山壁畫

明江兩岸山壁上
一處處紅色的痕跡
歷經兩千多年不褪色
終於引來研究者的好奇

有些像跳躍的人
有些像泅游的蝌蚪
有些像牛像馬
像各種奇形怪狀的動物

先民們用什麼原料
如何在峭壁上完成使命
他們的動機為何
至今仍是個天大的迷

花山壁畫的部分圖像

詠通靈大峽谷瀑布

群山萬壑間
伏流奔竄處
突然你出現在我們眼前
彷彿天上銀河落凡間

雀躍著歡呼著
擺出各種美姿
我們和你合影
見證你的美麗

你以豪放的身姿
轟隆隆的笑聲
回應我們
歡迎大家的到訪

天地有大美啊
走在通靈大峽谷
一步一美景
一步一驚奇

部分團員合影於通靈大瀑布前

遊百鳥岩

遊百鳥岩
不見百鳥蹤跡
只有流水湍急
湧泉從河底不斷冒出

岩洞幽暗
涼爽無比
導遊以手電筒照亮
介紹洞中風光指東指西

看，那顆鐘乳石像一尊觀音
瞧，這顆鐘乳石像一條蛟龍
突然伸手不見五指
來到暗黑世界

一輪明月高掛
洞頂閃著幽微光芒
我們身陷險境？

我們身在幽冥？

忽又逐漸天光
水影閃爍粼粼
如此三進三出
好個「水波天窗」景象

終於船又緩緩駛出
洞外盤陽河水勢滔滔
兩岸風光旖旎
一趟快意地下岩洞之旅

水波天窗
幽冥世界

故鄉的風景

——致舊州繡球街裡的農民畫家

故鄉的風景
如此多嬌
山巒青翠層層疊疊
綠水圍繞清澈見底

故鄉的風景
如此美麗
田園風光無限
鄉親辛勤努力

雖然長大後你曾遠離
到異地謀生
但思思念念
一刻也無法忘記

直到退休了
你重返故里
毅然拿起了畫筆
畫起童年記憶的東西

經過十數年努力
如今你的畫技純熟
家中大大小小油畫
讓我們感到驚奇

你說你還要繼續畫下去

直到拿不動畫筆

我們致上滿滿祝福

我們致以萬分敬意

田園畫家趙大宜先生
與他的油畫（旁為團
員陳玉珠）

【台客作品】

小談養生長壽

台　客

　　長壽是人人企盼的。上至帝王達官貴人，下至一般老百姓販夫走卒，古今中外，誰不想長壽？所謂：「活得越久，領得越多。」然而現實上，卻很少人能活到百歲，即使勉強活到八、九十歲，然而若是沒有健康的身體，也是枉然。還不如早走的好！

　　今夏參加全統會舉辦的廣西之旅，為期八天旅程中，有一日曾前往巴馬長壽村拜訪，參觀那裡的天然溶洞，品嚐當地土特產美食，拜會 112 歲老人‥‥。在乘船遊百鳥岩時，由於隨船解說的瑤族阿妹的推銷，購買了一片光盤及一本薄薄的「長壽祕訣」的書。返回後仔細閱讀，頗覺實用。故特摘其精要，略述於下，以使全體會員都能閱後受用，進而努力學習，讓身體強壯無病無痛，達到健康長壽的目的，就如此行我團副會長 91 高齡的張屏老爹般！

時辰養生法

　　本書中將一天 24 小時以每兩小時一段共分為 12 段。分別為子時（夜裡 11 至次日凌晨 1 點）：膽經當令；丑時（凌晨 1 至 3 點）：肝經當令；寅時（凌晨 3 至 5 點）：肺經當令；卯時（早晨 5 至 7 點）：大腸經當令；辰時（早晨 7 至 9 點）：胃經當令；巳時（上午 9 至 11 點）：脾經當令；午時（中午 11 至 13 點）：心經當令；未時（13 至 15 點）：小腸經當令；申時（下午 15 至 17 點）：膀胱經當令；酉時（17 至 19 點）：腎

經當令；戌時（19 至 21 點）：心包經當令：亥時（晚上 21 至 23 點）：三焦經當令。

　　書中說若吾人能每天不違「時辰養生法」，如早上 5 至 7 時是大腸經當令，則應多喝溫開水，讓大腸蠕動，順利排便；如午時 11 至 13 時心經當令，此時正是天地之氣轉換期間，要適時午休一下，對身體有好處；如亥時晚上 9 至 11 時三焦經當令，則應準備就寢，讓生命和身體在休息中得以輪迴。總之，當睡時要睡，當醒時要醒，當運動時要運動，當飲食時要飲食，那麼您的五臟六俯得到充分調和與休息，必然能夠享受長壽健康之樂！

十常養生法

　　本書中的「十常養生法」也令筆者深以為然，方法很簡單易行，就看各人有沒有毅力每天貫徹去實行。即使無法每天全部都照做，那麼做個三、五項，對身體也是大有益處！

　　1、**齒常叩**：兩唇輕閉，上下牙齒互相叩擊，使之鏗然有聲。每天不少於兩次，每次 100 下左右。

　　2、**津常咽**：津液即唾液，具有很強的殺菌和消化功能。常咽唾液，能中和胃酸，保護胃黏膜，促進食物消化。

　　3、**耳常強**：經常用手彈擊或揉耳廓，可防治耳鳴等毛病，並有助梳通全身內臟氣血，提高各內臟器官的生理功能。

　　4、**鼻常揉**：經常揉鼻兩側，從上到下再沿鼻樑返回，反覆十幾次。最後按鼻翼下的迎香穴十幾圈，可防治鼻炎、鼻竇炎等毛病。

　　5、**睛常運**：經常自覺的運轉眼球，可改善眼球周圍的血液循環，增強視神經及眼肌的功能，消除視疲勞。

　　6、**面常搓**：時常將兩手搓熱，再搓擦面部，反覆十餘次，

使面發熱。可助血液循環，減少皺紋，同時還可調整血壓，消除大腦疲勞。

7、**足常摩**：經常以手掌或其他輔具推摩足部，使之發熱，有溫補腎經、舒肝明目、降血壓等多種效果。對腰酸腿軟、神經衰弱也有良好的防治作用。

8、**腹常旋**：每天睡前，可將雙手搓熱，用左手壓右手上按於臍部，沿順時針方向旋轉按摩，從內到外旋轉百餘圈，轉圈逐漸擴大到整個腹部。再以右手壓左手，以逆時針方向為之。

9、**腿常伸**：下肢因離心臟較遠，要經常伸縮活動，以疏通經絡，促進血液循環。

10、**肛常提**：經常提肛，可促進肛周的血液循環，補腸道元氣，對痔瘡、便秘、大便失禁以及前列線增生等病，有顯著的防治作用。

左起李宗達、台客、黃錦璋攝於「長壽之鄉」石碑

養生法四勿

1.食勿言：邊進食邊說話，久之會造成腸胃功能紊亂，影響健康。

2.臥勿語：睡眠前說話太多，會使精神亢奮，難以入眠。

3.酒勿醉：貪杯過量，對心腦血管的危害不可低估。飲酒適量即可，最好不要喝！

4.色勿迷：過分迷戀女色，會大傷元氣，嚴重影響健康和壽命。

　　廣西巴馬長壽村，是世界上少數六個長壽村之一。其餘五個分別為南美厄瓜多爾的比爾卡班巴、南亞巴基斯坦的罕薩、外高加索的格魯吉亞、新疆的玉田、江蘇的如皋。長壽村要如何認定？以巴馬村為例，在西元 2000 年的全國人口普查中，在全村 3160 位人口中，90 歲以上的老人高達 76 位，最高歲數者為 116 歲。每 10 萬人口百歲以上的比例為近 31 人，居世界第一！

　　巴馬村的居民為什麼能活的得如此長壽？經過專家鑑定與分析當地環境，最重要的五大因素為：**地磁、空氣、水、陽光、食物**。百聞不如一見，此次我團前往實地觀察體會，百魔洞內的氧吧、水晶宮內的晶花、陽盤河的滔滔地下伏流生命之河、百鳥岩的水波天窗美景，還有四周到處綠意盎然等等，都讓我們開了眼界。而筆者覺得以上只是外在好的因素，另也要有好的內在因素配合，如良好的飲食及生活習慣、知足常樂積極向上的心態等。若此內外俱足，才能達到健康長壽境界的追求。（2017/9/3）

南寧友誼關中越邊界全景

十位團員與 112 歲老壽星黃媽干合影

田園畫家趙大宜先生與他的油畫　　　　壯族小女孩當嚮導員
（旁為團員陳玉珠作採訪）

參訪遊記圖：孝子父子暨五對夫妻

歐陽布先生今八月七日慶生宴
及八月份生日團員

通 靈 瀑 布

◎**通靈大峽谷**位於靖西縣湖潤鎮新靈村。整個景區由念八峽、銅靈霞、古勞峽、新靈峽、新橋峽組成，各峽谷間有巨大的地下暗河相通。

亞洲最大的中越跨國瀑布 —— 德天瀑布

亞洲最大的跨國瀑布 —— 德天瀑布。位於中越兩國邊境線上的歸春界河是一個分界，界河兩岸的中越綠島行雲，歸春河流經此處。右大瀑布低處為中國佔 1/3，高處為越南佔 2/3；左邊小瀑布全屬越南，與參觀遊客在河水船上交易貨品。

廣西八日深度之旅

王世輝

8 月日 7 第一天從桃園機場到澳門轉南寧。第二天開啟旅遊行程，從南寧、崇左、龍州、靖西、百色、巴馬等城市!深入各地區之觀光勝地、壯族等部落，各地風景奇麗，峻山翠綠、河川碧藍。

8 天的旅遊行程，導遊劉鈞非常專業，知識淵博，一路景點精彩解說，收穫良多。

南寧市，廣西壯族自治區之首府(省會)，具有 1680 多年歷史，人口 650 萬人。2004 年起成為中國東盟博覽會永久舉辦地。內有廣闊之建築，其中以 12 花瓣屋頂建築為主體，東盟會員每年均定期於此舉行。

第二天從南寧往崇左市/友誼關:(鎮南關)位於憑祥市中越邊界。龍州是一座有 1290 多年歷史之邊關歷史文化之城，境內自然風光秀麗、地質景觀特殊，名勝古蹟繁多。素有「邊陲重鎮」之稱。

明江遊船-明江之水流湍急多彎,河道迂迴曲折於崇山峻嶺之中，溶洞、暗河遍佈，兩岸植物繁茂，資源豐富，其文化之

內涵和優美之自然風光。明江兩岸石崖壁畫在船上能飽覽封山秀麗、河道迂迴、樹林蒼翠、群峰挺立、奇山異石、翠林修竹，千姿百態倒影與江水互相輝影，猶如置身在山景畫中。

花山崖原始壁畫，呈金字塔形之花山壁畫，直、峻、峭集於一身，整幅壁畫，高 95 公尺、寬 70 公尺，有人、獸、日、月、弓箭、銅鼓等圖樣 1900 多個、形象明顯、成為千古不解之迷。

第三天遊明仕田園，俗稱百里山水畫廊。搭乘竹筏漂流明仕河曲折盤旋，河流兩岸層巒陳列，群峰競秀。在明仕橋旁帶翠竹繞岸，極富南國田園氣息之美景風光，置身於美景奇觀滿懷喜悅。

德天瀑布遠近聞名是亞洲第一，世界第二之跨國瀑布，寬約 100 米，高 80 多米，分三級傾洩而下，氣勢磅礴，十分壯觀。

第四天遊通靈大峽谷，位於百色市靖西縣，念八峽及地下暗河、隧道貫通連結，峽谷絕壁疊砌幽幽深遠。巨型鐘乳石高崖倒懸，神秘之洞穴，深潭星羅棋布，呈現一派生氣盎然之勝景，多種奇特之植物生機勃勃，蒼翠的植葉微風吹過，有如翠綠絲被和 188.6 米的通靈瀑布交相輝映，讓整個峽谷充滿靈性。

靖西鵝泉，位於靖西縣城南約 6 公里，已有七百多年歷史，靖西著名之八景之一。鵝泉泉湧四季不斷，水質清澈，形成碧綠水潭。鵝泉風景區還有一座清代十五孔之古橋，長 60 米寬 15 米架於鵝泉下游，構成長橋臥波之美景。

　　舊州滿街以石塊鋪路，沿街都是明清風格之建築，踮步舊州東街擺設販賣各式繡球，俗有繡球鄉之稱。步出東街有座舊州標誌建築 「文昌閣」，建於山光水色之中倒映湖中又與自然風光渾然成一體。

　　第五天巴馬長壽村（巴盤屯平安長壽村）徒步走入村內，一路上山青水秀，盤陽河曲折盤繞，河旁茂林翠竹，平安橋上尤有平安保險公司之廣告 126 歲人瑞照片掛在頭端。巴馬長壽村人口不多，卻百歲人瑞有八位，六位姓黃。我們拜訪一位，黃媽干(女)112 歲，此處開發觀光後是家中金錢之招財主。

　　第六天巴馬延壽隧道，又稱水上蘆笛岩、百鳥岩，因為每年春天成群結伴上百種鳥類集聚得名。乘坐觀光船遊覽。長壽生態地質自然景觀，地下水泉，洞中鐘乳石千姿百態，水碧石淨，景點隧道中每隔 2~3 百米就有一個天窗，形成日光月色的光感，洞頂岩泉細水飄灑，冬暖夏涼。距出洞口有座廳堂。解說廳頂有岩燕、蝙蝠等夜行動物棲息。

　　第七天廣西民族博物館:位於美麗的邕江江畔。南寧市青秀風景區內，附著廣西傳統民居建築之靈天展示園。博物館內以 12 個世居民族為主題，融合現代專業教育民族文化。展示各民族民俗文化(陳列五彩八桂之廣西民族生活習俗)。有著四十幾年民族發展經典(穿越時空的鼓聲/銅鼓文化)。

　　第八天澳門觀光

　　回顧 8 天之行程所到之處，沿途的風景山明水秀，據說少數民族多數居住山頂、山谷，早年之傳統住家已全面改建成 2-3

樓之水泥洋房，幾年來由政府補助及輔導改建高速，龐大之投入經費，促進觀光旅遊產業帶動城鄉發展。

　　中國大陸自開放後，極力開發交通道路及觀光事業，尤以基礎之硬體建設突飛猛進，遠已超過台灣，陸續之發展，值得我們深思台灣未來！

廣西之旅感言

張　屏

　　2017年8月7日至14日，「中國全民民主統一會」組團旅遊參訪廣西南寧、德天瀑布、巴馬長壽村等地之旅，一行三十三人，在會長吳信義、秘書長陳淑貞精心規劃、翔順旅行社董事長王魁元全力配合下，順利成行，圓滿結束，人人留下美好的回憶。

　　成員中頗多博學之士，沿途觀察入微，無論人文、美景、飲食文化、風土民情、地方特性等都有深切的了解，妙筆生輝，必然會有很多的鴻文佳作，呈現於我們眾多友好伙伴的眼前。

　　筆者不敏，令我印象深刻甚至有些驚訝的是「住房」。南寧市區，因係廣西省會，且屬東協中心所在地，會員國商務機構林立，往來貿易頻繁，高樓大廈比比皆是，不足為奇；沿市鎮而至鄉村，從崇左市、龍州、靖西、舊州、田陽、巴馬、一直到深山中的巴盤屯長壽村，顯現眼簾的都是一幢幢白色洋房，一至四層不等，怎不令人稱奇！？

　　「民為邦本，本固邦寧」古有明訓，衣、食、住、行是

民生必需，安居樂業是人民的基本要求，有安居才能樂業，他們似乎已經做到了。地陪小劉的說法，是因為政府有大額的補助作誘因，在「不領白不領」的心態下，掀起家家建新屋的風潮，也因此帶動了地方經濟和人民就業的機會，值得當政者思考。

附帶一提的是，此次出遊，有我兒若鏊告假陪同，啟程後發現我竟然是全團中最為年長者，沾虛度年華之光，一路備受禮遇和照應，深感溫馨和感動！美枝小姐更是每日不離左右，細心照顧，得以平平安安、快快樂樂享受這次深具意義，畢生難忘的南寧之旅，藉此向大家謹致無上的謝意與感恩。

廣旅有感

歐陽布

一

廣西參訪八月七
夜宿南寧都會區
會長餐中報佳音
方知己身生日期
感謝眾友齊祝福
鄙生永牢記在心

二

廣西參訪八日行
遊山玩水樂融融
峽谷奇形成會萃
長壽之鄉養人瑞
鵝泉之美值回味
返家途中經澳門
美好回憶記心中

何其感動廣西行

蔡享民

　　五月初，陳祕書長提到有某團體要赴南寧參訪，因人數不足尋求合作，經了解似有不妥，乃決定自行辦理。

　　我因健康顧慮處於去否兩難之間！有感於陳祕書長的誠邀及她為辦活動的全力付出，乃決定參加！及至八月七日出發當天，看到吳會長車禍受傷仍然負傷不退，吊著繃帶引領大家踏上征途，何其震撼和感動！

　　此行團員 33 人，多是親朋好友，很快融成一片！全程從頭到尾有說有笑，歌聲不斷，互相關懷照顧，何其難能和可貴！

　　身兼三職的魁元先生，他是本會會員，是本團領隊兼導遊，年輕專業，負責全部的安排，包括：精彩無比的景點選擇，豐富多樣的當地美食，舒適妥當的酒店住宿，安全穩當的水陸空交通工具等等，再加資深地陪導遊劉鈞先生的完整詳盡解說，更形相得益彰！全部行程圓滿順利完成，何其滿意和感謝！

　　非常高興參加了這次廣西壯族自治區及澳門之旅！僅以此何其感動表達對吳會長，陳祕書長，王魁元先生，以及所有

參加此行的好朋好友們的衷心感謝，謝謝大家一起快快樂樂壯了八天，留下了美好的回憶，終身難忘，期待再相會！您的老友好友蔡享民敬啟

攝於鵝泉，大陸西南地區三大名泉之一，位於廣西靖西縣城南 5 公里的鵝山山麓，是通靈大瀑布的源頭！背後平靜的水面即是！但下面卻分布有 9 個驚人的湧泉。

龍州——明江遊船，船上卡拉OK吟唱英語民歌，並前往——遠觀二千年前壯族人「花山壁畫」。

藝術之旅心得

陳玉珠

　　這次參加廣西八日南寧德天瀑布巴馬長壽村之旅，首先感謝吳信義會長以及親愛的王大哥能夠安排如夢似畫的景色，讓我深入享受大自然界景物之千變萬化之美，有如鬼斧神工之境的藝術之旅。每天不同的地理環境，看到自然之美能如此浩翰無垠，其天然的山水雲石讓渺小的我想像空間瞬間變大，也是我在今年當中所看到有如仙境般深刻體驗。

　　此行的前輩們，個個都是台灣頂尖的文人雅士與學術界的耆宿，能夠與前輩們一起參觀體驗文化之美學，內心無比的溫暖與真情的享受被大自然的擁抱與喜悅。

　　本團我是最年輕者，用藝術與體悟大自然之美透過視覺與照片以利增加創作的泉源，朵朵白雲與藍天綠水，小橋流水人家，鴛鴦戲水蝴蝶飛舞，仿如世外桃源的呈現。

　　到了舊州時仿如進入時空隧道，整個街道都是非常復古其建築風格，有著中國式的典雅。大紅燈籠高高掛，也看到一家畫室，畫面所呈現的作品都如仙界般的景色，開心能夠在異鄉遇到同好，而隨興做了簡短的採訪，老畫家自我介紹曾經到過台灣，是中國美術協會會員，在 70 歲前他都在外地

旅遊，70 歲後才回到自己的故鄉開始繼續用寫生與自己成長的記憶將故鄉畫出如仙界般的美景。現在已經 80 歲了依然沈浸在自己的藝術繪畫世界，創造故鄉的風貌。

　　　橫看成嶺側成峰，　遠近高低各不同。
　　　不識廬山真面目，　只緣身在此山中。

　　用蘇東坡的詩詞最能夠貼切這次旅行。謙虛低調與微笑掛臉容，讓我深刻體悟，尤其室友是泰雅族人其優美的歌聲，讓我跟她如家人般相互關懷與歡唱，在每次用餐後大家清唱懷念民歌，真的開懷無比，人生可以如此自在悠然，此乃人生之樂也。陳玉珠書樂 2017.8.15

花山壁畫

中越邊境訪問 80 歲老畫家

陳玉珠

　　這次廣西南寧之旅，在舊州發現一位老畫家，已經 80 歲，作畫非常認真，他自我介紹 70 歲前都在外地流浪，70 歲後才回到自己的故鄉，將自己故鄉美如仙境的景緻用寫生與自己的記憶作畫。把未被開發前的景物畫出來，本來想跟她收藏，可惜都已經有買家訂了。

　　由於是隨機拍攝，所以容量不足，可惜好多沒拍攝到，前輩畫家門前其實是一條非常復古的舊街，古色古香，都沒有入鏡。

　　沒準備所以拍的不好，但主要是個回憶記錄～*

　　*感謝同行的出版社彭正雄社長拍攝

2017.08

廣西八日遊記懷

陳秀梅

　　旅遊本是一椿快樂美事，每日隨著既定的行程，移動著腳步迎接新的每一天，心中充滿愉悦的好奇心與期待；旅遊不但有益身心靈健康，可以暫忘自己的年歲與生活中纏繞的煩憂，還可以透過某人某件事或借大自然美景及建築物，得到人生的啓迪與新的目標，無形中啓開了自己的眼界，即所謂的「行萬里路，勝讀萬卷書」。

　　此次有幸隨著中國全民民主統一會參加廣西南寧八日旅遊兼參訪，于八月七日下午 14:59 分（延誤）搭飛機，由吳會長信義領隊，三十三名浩浩蕩蕩從桃園機場轉機到澳門，再轉搭廣西南寧，直至下午 18:06 分平安到達目的地。

　　在全部旅遊過程中，雖發生小小意外（團員中一位身體不適），但在吳會長與陳秘書長淑貞盡心照料安排，雖兩人一傷一病仍不負使命，領著大家平安圓滿順利的畫上句點，结束走完行程。真是感恩之至。

　　賢文有云：久入芝蘭之室，不聞其香。我說：久居優勝美地，至感千幸萬幸。

　　晚近三十年來，國人掀起國內外旅遊風潮，我常自忖旅遊

的定義：就是運用各種不同的交通工具，到達異地，交換不同景緻之身心靈的享宴，以增進吾人生活品質的一種人生境界。質言之，狹義的可指騎乘二輪動力或無動力車輛到達鄰、鄉、鎮、市參訪人文或人類遺產之時空流程，另就廣義的認知，舉凡搭乘高速航空器至友邦或其他星球，吸收教科書外的資訊，以滿足人類求知慾的一種活動。

　　個人平時鮮少動筆為文，時有辭不達意之病，所幸由於這幾年經常出國旅遊攝像心得，反而較文字表達迅速又優美作品可以觸動我心，真是難以用筆墨形容，因此僅用圖片呈現其美境與大家共享。

　　我們除了收覽大自然美景外，同時也把台灣美景（人）帶來；在此說一則美事，行善本身會帶著無形感染力，因它是吾人應盡的本份與義務。

　　遊百鳥園拍團體照結束後，正準備上車遇見陳美枝姊正拎著空瓶與白煮蛋給回收阿嬤，看在眼裡敬佩在心，於是起心動念，我以及後來也加入的男團員一起幫阿嬤收集整理，看著老人家感恩滿足的笑容，雖然這一幕沒入鏡在圖片裏，但這份愛已深深烙印在每個人的心靈深處。

　　由於這幾年經常出入國內外旅遊，因而對攝影發生興趣，此次暫被派任攝影三人中之一的任務。在攝影過程中最令人難忘嘆為觀止的美景如下：龍州－明江遊船遠觀花山壁畫，大新－明仕田園遊竹筏，德天瀑布，通靈大峽谷，舊州－繡球村，鵝泉田州古城，巴馬－百魔洞、百鳥園。以上僅為觸動我心，難以用筆墨形容。（圖像見本書各附圖）

廣西之旅的感思

俊　歌

　　本名吳元俊，出生於中華民國寶島台灣南部山城嘉義美麗的阿里山。因此可說是山地人（阿里山人）。

　　已年逾花甲，於台灣大學退休後，原想閒雲野鶴，悠遊林泉，逍遙度日，了此殘生。因緣際會，結交藝文詩友，取筆名為「俊歌」，有「俊逸凡塵，歌頌人生」之意，從此喜歡以此「俊歌」名號行走江湖，來往兩岸，環遊世界，遊戲人間。

　　也請諸位新知老友，不論男女老少輩分地位，有緣相遇，可直接以「俊歌」稱呼即可。

　　人生之樂不假外求，願與諸君友好以三樂「助人最樂，知足常樂，自得其樂」互勉自勵，與君同樂。

　　以二首小詩，在揹起行囊，懷抱全民民主統一的春秋大夢，追隨前輩走了一趟華夏神州的探訪行旅之後與您分享：

一、變　幻

　　世界風雲變幻
　　過去幻化如夢

每一刻都是獨一無二的
在人生的旅途上
奮力歡喜迎向未來的挑戰
充滿希望

2017 年 8 月 5 日發表於三月詩會

二、旅 行

出發　為了回家
暫離此地　從近郊到遠方
去那陌生的地方　欣賞品味異地風情
到曾去過的地方　重溫回味往日情懷
美好的感覺和壯麗的風光　都在路上
希望在旅途中看盡世界的美好
最後總要　踏上歸途
有放電歸零　解脫重負的愉悅
有充電滿載　重新出發的活力
放空一切　從心出發　全新開始
旅行真好　浪跡天涯　海闊天空

2017 年 9 月 2 日發表於三月詩會

廣西參訪心得雜記

周談輝

　　個人退休後，由於被同仁推舉担任國立師大退休同仁聯誼會理事長，因而結識台大退休人員聯誼會理事長陳福成兄，及該會理事吳信義、吳元俊兄等。共同在台大退休同仁歌唱班每兩週一次定期聚會，歡唱且學習新歌，期能跟上時代，且唱歌能增加肺活量，有益胸腔運動及健身。由於共同理念相近，經彼等好友推薦後加入吳信義會長所領導的全統會，才有機會參加此次廣西旅遊。但由於個人對寫作旅遊的感性文章實在不會。故僅能就個人各項觀點提出淺見，條例如後就教各位先進指正。

　　一、此次有參訪南寧的東協區。所規劃的園區，既大且完善，比我們信義區更大更美，實在很先進，相比之下，台灣實在要加油拼經濟了。

　　二、正在參訪途中，結識很多好友先進學習很多。如快樂的原住民女士們隨時歡唱，保持愉快的心情。另外彭發行人正雄兄可說是我的學長。當我在念師大大一時，他已在師大旁的

學生書局上班了。年紀已近 80，但每個行程都不放棄，且堅持到底，不輸任何的年輕人，值得我們敬佩學習。

三、廣西全區共有 20 餘原住民共同生活，雖然壯族人最多成為廣西壯族自治區。但能和平相處，相互包容，沒有種族歧視，值得在台的人們學習。

四、個人過去 20 多年去大陸參訪有 20 餘次，深感大陸進步實在太快，尤其在經濟方面值得我們深思。和平統一，和平共存，共同發展，努力發揚中華民族之光。

五、早期的廁所很多是野外旱廁跟非洲的國家一樣。真是風水輪流轉，三十年河東，三十年河西。總之，這次參訪認識很多先進也學習很多。

六、希望下次全統會的參訪活動還能參加。最後敬祝各位團友，身體健康平安快樂，萬事如意，期待下次再相會。

期待的旅遊終於到了

傅月英

8月7日我如小鳥般的放空一切隨這一群朋友飛向遙遠的南寧，廣西比我想像中的還大還進步。八天的旅途中承蒙吳會長、陳秘書長兩人皆抱病的全程參與，精心的安排吃、住，我們都感到非常的滿意。旅途中個個精神飽滿不時傳來美妙的歌聲，看著外面的風景，此時此刻如處仙境般。

炎熱的夏季，地陪小劉專業的口才，詳盡的敘訴南寧的風土民情，也贏得了團員們的掌聲，今天玩得如此盡興，要感謝的人太多了，謝謝！

短短八天相聚，歡樂的時光令人懷念。最後謹祝大家，身心健康，幸福愉快！。

廣西參訪團之旅小記

林美惠

　　緣起陳秘書長淑貞(同欣會結拜之六妹，我是三嫂)看到我賴的一則廣西參訪團要到南寧市、崇左市、通靈大峽谷及德天瀑布等地十分感興趣，遂召集全統會之兄弟姐妹們來一趟知性之旅，需要 32 人成一團，聲勢浩大，但在八月七日中午十二點半在澳門航空後櫃台，個個笑容滿面，開心之心情洋溢著都是很熟悉的好友要快樂的出航了，太棒了！開心呀！

　　最難能可貴的吳會長信義（建群）兄帶著受傷不便之手臂來參加，責任使然來帶領大家，還有陳秘書長抱病咳嗽不止之身軀，因為是發起者要辦好此次之旅，再辛苦勞累也不能缺席，真是精神可嘉、令人佩服的，真是感恩之至。翔順旅行社的王董(寶貝)親自下海帶隊，高富帥之人才讓我們信心倍增，那「百善孝為先」「一花一世界、一葉一菩提」之哲理使我永遠記得喲！

　　全團有博士校長周談輝、有文藝協會大詩人台客兄，才高八斗、吟詩作對出書贈與大陸地陪，真是光榮之至，有三線三星的高級警官雖年高 91 歲，但養生有術且有若鋈孝子特地請

假相陪真是好幸福喲、令人讚賞和羨慕呢！台大教官退休之人才比比皆是、出版社彭正雄社長、有人緣特佳號召七人來參加的歐陽布兄、唱作俱佳，最後相聚的午餐、歌聲令人難忘的、博士校長之海量、千杯不醉、談笑風生、令人望塵莫及，俊歌也是人才青年有活力到哪兒就去了解環境，竟然還有豔遇喲！真是三生有幸認識大家，覺得十分幸運與幸福的！宜蘭的錦璋兄錦璋不凶真是親切陪同宜蘭三姝，照顧得無微不至且那回頭望一望之叮嚀真是太棒了！感恩之至。宜蘭三位美女及桃園秀玉妹之好歌聲，真是令人回味難忘喲！

　　本人才疏學淺，形容不出大陸之山水秀麗之姿，只好 PO上一些相片分享，期待再相會！也祝福大家天天開心、心想事成、身體健康！

　　有人說，人生像是一個苦瓜，
　　即使在水中浸泡，在聖殿中供養，
　　放入口中，苦味依然不減，
　　這是人生苦的本質；
　　也有人說，人生像是一杯白開水，
　　放入蜂蜜就是甜的，放入鹽就是鹹的。
　　其實，人生的痛苦和快樂，
　　都是來源於自己的內心。
　　心是苦的，人生便如苦海無邊；
　　心是甜的，人生處處都是曼妙風景！
　　美好的一天：為自己的人生加上蜂蜜，讓自己有個幸福的臉 ── 共勉之。

廣西參訪團之旅小記

黃昭升

沉默是一種修養，
沉默是一種淡定，
沉默是一種超凡的心胸。
沉默是一種風度，更是一種心靈的溫度。
直言不諱不會天下無敵，只會讓自己處處受傷。
不是所有的人都可以掏心掏肺，
不是所有的心都無所的謂。
逞嘴之快是過，無心之言是罪。
不當說的不必去說，說了失言；
不該說的不能去說，說了失人。
話留三分三思再出言，慎重再行動，
這樣才會少生枝節，避免後悔。
　── 祝您開心過好每一天 ──
共勉之
玩得很盡興、相處十分愉快
令人難忘、回味無窮，
期待再相會！

長暨黃錦璋等⋯早餐吃得好開懷

攝於鵝泉，大陸西南地區三大名泉之一，位於廣西靖西縣城南 5 公里的鵝山山麓，是中越跨國德天大瀑布的源頭！背後平靜的水面即是！但下面卻分布有 9 個驚人的湧泉。

廣西參訪團之旅小記

邱秀玉

日子，酸甜苦辣；生活，柴米油鹽；
相處，有喜有樂；感情，一直都在。
活著，總是禍福相依；人生，總是起起落落。
以平常心看待得失，以歡喜心看他人幸福，
以美好心過好每一天。
歲月是一條河，清清淺淺，漫漫長長；
時光，是一劑良藥，撫平創傷，忘記不快。
── 祝您開心過好每一天 ──
共勉之
感謝大家，玩得很愉快！
期待再相會喲！

問候與感謝

林美惠：

各位好友:早安!昨晚已平安歸來、感恩各位之祝福、今早已開始上班了、祝福各位好友心快樂了人生就幸福了喲!

周安花：

謝謝美惠姐提供照片，裡面有美好的回憶，與歡樂的日子，永生難忘。

周兆熙：

本次出遊，真誠感謝各位先進前輩提供如此優質旅遊品質，吃的好，住的佳，處處皆有歡笑聲，開懷大笑，不笑都還不行，且還笑到肚子疼，這應是此趟之最佳特色之一。

令人難忘之旅，期待再相會！

祝大家心想事成、平平安安！

記廣西旅遊二三事

彭正雄

明仕田園竹筏遊覽

　　我們乘竹筏遊覽明仕田園，河兩岸峯巒陳列，群峯競秀，山明水秀有如「小桂林」之稱，翠綠河水，遠處有位閒情逸致老人，獨自划小竹排，悠悠的舟遊，余偶見其金鷄獨立演出，極為賞目。散步鄉間郊道，農舍點綴，獨木橋橫，農夫荷鋤，田園牧童壯牛，風光無限好。片刻享受這清靜，早已洗境內心濁塵，這人間仙境，地球上何處尋？

悠悠舟遊

金鷄獨立

廣西巴馬長壽鄉村老人

　　廣西巴馬長壽村巴盤屯是全世界五大長壽鄉之一，在中國就佔了兩個，一是新疆一是廣西巴馬瑤族自治縣長壽鄉，中華民族文化淵源流長已有五千多年歷史文化，其文化特徵始於養生文化密不可分，成為東方民主獨特的思維體系。自從盤古開天地，然後有皇帝、孔子、老莊等聖人，被引導了中華民族生生不息，今有廣西巴馬，世界認定為長壽鄉 —— 有周媽壬 112歲，耳聰目明。巴馬長壽之謎：「中外科學家多次考察後，認為巴馬人的健康長壽有八大秘訣：地磁、空氣、水、陽光、食物、遺傳基因、心態、鍛鍊。最重要的五大因素為地磁、空氣、水、陽光、食物。根據研究報告，巴馬的土壤中猛和鋅含量是

其他普通地區的幾十倍。錳是人體內多種酶的激活劑，可視為具有抗衰老作用的元素。鋅能提高人的免疫力，被稱為生命之花。巴馬的空氣中更是富含被譽為空氣維生素的空氣負離子。巴馬的水都是地下水、山泉水（巴馬每瓶水價高於其他地區 3 倍），有四個顯著特徵：屬弱鹼性水 PH 值一般在 7.2-8.5 之間；2.氧化還原能電位低；3.屬小分子水團；4.富含礦物質。巴馬的地質強度比其他地方高出 0.2-0.5 高斯」。巴馬養生經：「1.杜絕不良的生活方式，2.減少做菜的油煙，3.樓越高，景越美美，可是離地氣越遠，4.多飲礦泉水，5.多食用蔬菜及水果，6.少攝取動物高脂肪類食物，7.減少加工食物攝取。」

　　我先賢彭祖以長壽見稱，原係先賢傳說中的仙人，是養生之家，傳說他活了 880 歲，其實為 147 歲，此說根據古時大彭氏國實行的「小花甲計歲推斷，計訂 60 天（兩個月）為一年」。

九十八歲老婦人愛環保

　　巴馬百鳥岩船遊，遊水波天窗百鳥園區的親水觀光，波影美輪美奐，千變萬化，洞內多處形象鐘乳石景點，唯妙唯俏，行進伸手不見五指，一會兒重見天日。遊畢上岸，看見一位老婦人為愛環保在大熱天撿收塑膠瓶，只有兩三個塑膠瓶子，於是我在遊覽車拿了幾個給他，之後號召車內團員，喝完水塑膠瓶給我，再給老夫人，請問貴庚，回說 98 了，接著美枝也響應，號召更多人加入，一下子就有 20 幾個。導遊竟對我說他是賣錢的，不要給他，這麼沒有愛心的人（通常台灣人會自動

給愛環保拾荒人）。

　　一位老婦人 98 歲為環保也為了她的生活，賣一些錢，20幾個塑膠瓶賣不到一塊錢，竟然有這位沒同理心的導遊先生。一位 112 歲的長壽黃媽王，跟他照相著者就奉上紅包，98 歲婦人在嚴酷太陽下，待了半個鐘頭竟賣不出一元。我們應該有愛心為這一位 98 歲老婦人幫點忙，為這一位老婦致敬；長壽村黃媽王 112 歲長壽老人跟 98 歲拾荒老婦人，怎麼地天壤之別。

南寧民族博物館

　　南寧民族博物館裡有 3 位小女孩，為民族博物館嚮導解說員，介紹南寧崇市有中越邊界友誼關，龍州有壯族先民在 2000 年前山崖壁上畫他們崇拜蛙神，鮮紅壁畫至今不退色，遠觀花山崖壁畫 —— 遙想壯族老祖先；大新明仕河、田園、竹筏，山青水秀素有「小桂林」之稱；亞洲最大的跨國瀑布 —— 德天瀑布。位於中越兩國邊境線上的歸春界河是一個分界，界河兩岸的中越綠島行雲，歸春河流經此處。右大瀑布低處為中國佔 1/3，高處為越南佔 2/3；左邊小瀑布全屬越南，與參觀遊客在河水船上交易貨品；靖

西通靈大峽谷 —— 位於靖西縣湖潤鎮新靈村，整個景區由念八峽、鑰靈霞、古勞峽、新靈峽、新橋峽組成，各峽谷間有巨大的地下暗河相通；巴馬百鳥岩，過陰陽兩界；長壽村百魔洞裡住百仙人（鐘乳石）；長壽村百歲以上壽星有五位。，3 位小女孩嚮導解說員有板有眼：一位壯族女孩、一位漢族女孩、一位壯漢女孩。尤以壯族女孩講解不遜大人，大陸很多從小就培訓，未來國家棟樑。

巧合與關愛

8 月 13 日由南寧往澳門澳航 NX195 的 19：30 班機 22F 座位，內人座位前面罕見地放置了六、七個嘔吐袋，這一天飛機上的晚餐只有一個小麵包。沒料到內人吃了麵包，20 分鐘後肚子就開始絞痛，再 10 分鐘已完全忍不住，接著便到廁所上吐下瀉，難道嘔吐袋是身體不適的預兆？飛機落地，機上乘客陸續離開，內人仍在廁所，直到將肚腹中所有不潔的東西都完全排出體外，身體才漸和緩。空姐當中也來關心，遞上止瀉藥，和機師陪伴我們到最後才下機，這是我們旅途中最狼狽的一次。當晚及隔天，同行的三十一位團員紛紛前來關切，這也是我們旅途中最感溫馨的經驗。

世界壽鄉・謙譜春秋

　　神奇的壽鄉，是神仙也嚮往的地方，世界著名壽星之鄉巴馬縣的巴盤屯長壽村。國際上「世界長壽之鄉」的標準是 10萬人中至少應有 7 位健康的百歲老人，有 25.8 萬人口的廣西巴馬瑤族自治縣卻有健康百歲老人 81 位，10 萬人中擁有三 31.4位百歲老人，超過國際上"世界長壽之鄉"的標準。其中，甲篆鄉平安村巴盤屯，住戶 110 戶左右，500 人口上下，壯族，幾乎黃姓，卻有 8 位百歲壽星，80 歲以上老人 20 多人，是國際上"世界長壽之鄉"標準的 4 倍多，在 5 個被國際自然醫學會認定的世界長壽之鄉中，中國廣西巴馬是世界長壽鄉之首（資料截止 2014 年）

　　近年來，隨著巴馬長壽旅遊業方興未艾，巴盤屯長壽村也以「養生天堂」之美譽而聞名天下。地處桂西北地區長壽帶，東經 106.51 度至 107.23 度，緊北回歸線，屬亞熱帶季風氣候，年無霜期 337 天以上，盤陽河水冬暖夏涼，常維持在 17.5 度 C，小分子水，含有大量人體需要的微量元素，海拔 420 公尺，地磁 5.3 GS，空氣負離子含量為 45000 個每立方厘米，日照的 8%以上為遠紅外線，相對溼度 79%。生活在長壽的壯族百姓，肥胖症、高血壓、高血糖、心腦血管病、癌症等發病率都很低。

資料來源：參考當地公佈及網路

世界壽鄉
　　謙譜春秋
世界著名壽星之
鄉巴馬縣的巴盤
屯長壽村。
（2016 年 7 月以
前的 8 位壽星都
是姓黃）

黃卜新(118 歲)
男壯族 1898 年(清光緒 23 年)
　－2016 年 9 月 15 日

黃媽松謀(113 歲)
女壯族 1903 年(清光緒 28 年)
　　－2016 年 8 月 2 日

黃媽坤 (111 歲)
女　壯族 1905 年
　　(清光緒 30 年)

黃媽干 (111 歲)
女　壯族 1905 年
　　(清光緒 30 年)

黃媽文 (111 歲)
女　壯族 1905 年(光緒 30 年)
　　－ 2016 年 10 月 15 日

黃媽剛(108 歲)
女　壯族 1908 年
　　(清光緒 33 年)

黃媽間 (102 歲)
女　壯族 1914 年
　　(清光緒 39 年)

黃媽桃 (102 歲
女　壯族 1914 年
　　(清光緒 39 年)

　　巴盤、坡月、甲篆山清水秀，近年來引來了不少「候鳥」到此居住、療養。這個小城就是巴馬瑤族自治縣，被譽為"世界長壽之鄉中國人瑞聖地"，隸屬於廣西壯族自治區河池市，位於廣西西北部。素有"八山一水一分田"之稱，土地顯得很珍貴。據第二次到第五次全國人口普查，巴馬百歲以上壽星占人口的比例之高居世界五個長壽區之首。

巴馬縣的巴盤屯長壽村已不是原先的風貌，被潮流吸引新建築物而改變，每下雨溪水污濁好幾天，是否文明破壞環境？

　　長壽老人的膳食結構基本上是「四低一高」：低鹽、低糖、低脂肪、低動物蛋白、高纖維。他們吃的是自己種的無污染蔬菜和粗糧，主食是玉米、大米，並配以野菜、紅薯等，只吃少量肉。

　　巴馬聚居著瑤、壯、漢等民族，共同創造歷史和文化，形成了獨特的民族風情，有番瑤祝著節、半畫眉、壯族三月三歌節、相思煙、土瑤射弩、藍靛瑤拋繡球、打陀螺等古樸的風俗。

上圖左 112 歲黃媽干壽星，右 103 歲黃媽間壽星聊天。
我們參訪團部分團員與 112 歲老壽星黃媽干另有合影。
　　　　　　　　　　　（彩圖見本書第 23 頁）

附錄：轉載

如皋纔是眞正的長壽之鄉

丁伯駪

　　遠望雜誌第 190 期載有「世界五長壽鄉」排名為巴基斯坦的罕薩、厄瓜多爾的比卡巴旺、格魯吉亞的阿希哈吉亞以及中國的新疆與廣西的巴馬，而最有事實考據的江蘇省最有名的「長壽之鄉」——如皋市不與焉。

　　我不是批評原作者說得不對，也不是認為作者過份的為外國捧場，我祇是補充說明，如果如皋祇能算是「長壽之鄉」之第二，那就沒有什麼地方夠資格稱第一了。

　　如皋是我的故鄉，總人口數一百多萬人，目前的總計超過一百歲以上的老人已近八百位，九十歲以上的老人超過四千人，而八十歲以上的老人家，已在四萬人以上，請問這樣的統計數字，能不能算是「長壽之鄉」的首席！就以作者而論，今年我已九十高齡，吃得睡得，健步如飛，每天還為報紙寫上千兒八百字的專論，如果要打架，相信兩三個人還不容易近得老夫之身。

　　為什麼如皋是「長壽之鄉」，牛皮不是吹的，請看敝鄉如皋市之所以是「長壽之鄉」的原因。

　　第一、如皋人不吃自來水，不吃河水，不吃井水，所有井水、河水與自來水，祇供洗衣服和清潔之用，如皋飲的是天落水，當地人稱為「天水」，煮飯、燒茶，都用天落水，天水泡龍井茶，在如皋算得待客之禮，家家戶戶都有好幾口大水缸，準備天落雨時儲水之用，千百年來，如皋無水災、無旱災，每

年的天落水，足夠全年家用，從來沒有什麼地震、颱風，連刀兵之災都打不到如皋，說如皋是得天獨厚，並不是過甚之辭。

　　第二、如皋市在長江北岸，濱江臨海，魚米之鄉，農產豐收，無一或缺，民間無大官之家，但也沒有窮人，北望揚州，西接上海，海空交通，四通八達，儘管如此，如皋人不喜外出，離鄉背井不是好事，在我們那個年代，到上海都是一件大事。作者考取清華大學，全城都放鞭炮祝賀，這就看到如皋「閉塞」的程度，也正因為如此，如皋人不思上進，與人無爭，因此重從古到今，如皋沒有出過大官巨富，武的沒有出過總司令，文官沒有出過部長，國民黨時代，如皋在中央做官的就是一位教育部次長吳俊升，後來有一位在銓敘部做次長的顧守之，至於武將、中將以上一律欠奉，至於中共方面，如皋祇出過一位江蘇省黨書記，後來到香港做新華社社長的許家屯，如此而已，人人不思上進，這也許是長壽的原因。

　　第三、如皋人不喜爭吵，任何天大的事都是無所謂，「打官司」這種怪事，在如皋是極為罕見，法院門可羅雀，一年到頭沒有一筆生意上門，全市沒有一個律師，因為沒有生意可接，如果到如皋去掛牌做律師，那就餓死有份了。

　　第四、如皋的農人不知道什麼叫做農藥，農田施肥，完全是傳統古法，一年兩收，冬不太冷，夏不太熱，千百年來，如皋從無「荒年」，物產供應無缺，人人安居樂道，不愁吃穿，嘻嘻哈哈，當然長生不老了。

　　至於說到什麼營養、衛生，這些如皋都不是問題，如果不信，讀者們不妨光臨敝鄉一遊，如皋人好客，保證可以得到上賓的待遇。

　　　附記：2017 年 10 月 2 日整理資料中，無意發現多年前影印長壽文章，有這篇文獻〈如皋纔是真正的長壽之鄉〉特予重刊。獻給同遊廣西長壽村朋友分享之。　　正雄補記。

【陳福成作品】

詩寫廣西八日遊記行

陳福成

　　2017 年 8 月 7 日到 14 日，「中國全民民主統一會」會長吳信義兄長，率會員三十餘人，參訪祖國廣西。主要參觀景點有：南寧崇左市友誼關、龍州明江船遊賞花山壁畫、明仕田園、德天瀑布、靖西通靈大峽谷、舊州、鵝泉、田州古城、百魔洞、長壽村、船遊百鳥岩、南湖名樹博覽園、廣西博物館。起程和回程都經澳門，所以澳門各景點也順道一遊。

　　筆者因別有要務，未能同行。但已答應為「全統會」這次廣西八日遊，大家寫遊記心得出版編輯之主編。為充實本書內容，筆者依會員所見補記若干。

　　每一景點都寫成一詩記之，這主要是廣西各景點，甚至是祖國大地山河海洋、人文勝蹟，吾，無所不熟，無所不知，俱在吾心上，作品自然順手寫成。如是回答質疑者，未知滿意否？

　　身為主編當負起責任，感謝所有寫稿、照相的人，感謝會長吳信義兄長手痛不便仍擔任領隊，感謝秘書長陳淑貞小姐辛苦承擔行政工作，感謝會員也是出版家彭正雄老哥為本書出版盡心盡力。（中國全民民主統一會會員、臺北公館蟾蜍山萬盛草堂 主人 陳福成 誌於 2017 年 8 月台北）

壯族崇左市之夏　陳福成

這裡的鄉親好熱情
量一量溫度
最少今夏最高溫
再加兩個太陽
太陽滿街
微笑如春

大青山、公母山、十萬大山
眾山神加持
左江、邕江的活水提神
族人乃壯
個個頭壯壯，心美美
感染市郊山水景色怡人

今夏我心在崇左
不左不右的夢境
走過街角的瞬間
一壯族姑娘的美目與我私奔
微風輕拂，酒香飄來
這一剎那是今夏崇左傳世之永恆

詠友誼關　陳福成

當友誼關向我伸出親切的友誼
我生性好奇
想知道這位大兄的前世今生
於是我啓動神通，穿透時空
謁見三皇五帝……秦皇漢武……
一路請教、問道
西漢播下友誼的種子
這友誼的種子在神州的土壤慢慢長大
乳名叫雞陵關，小名叫大南關
學名叫界首關，後改鎮南關、睦南關
最終歷史給他的定位稱友誼關
向四周的朋友伸出友誼

我們是一群來自寶島臺灣的友誼
我們的友誼價值無限多
我們的友誼珍貴超過沙漠中的水
我們的友誼含有最貴重的元素
炎黃的血、孔孟的道、還有
李杜三蘇的情意

友誼和友誼接軌
真情與真情愛戀

隘口村的美景和我們的雙目邂逅
眼睛竟回不來了
雙腳也隨著湘桂鐵路穿越峽谷
兩足竟也不回來了
剩下聽覺受我管控
我坐在關口的小酒店裡
窗外靜謐成
天籟之音喚醒我沉睡的聽覺
友誼在餘音嫋嫋裡
歌詠千百來年來的友誼傳奇

德天瀑布　　陳福成

德天瀑布以亞洲盟主的姿態
跨坐兩國邊境
主盟這裡的山河大地和風雲顏色
平常水勢緩流
乳白水花如水晶珠鏈
歸春界河的風雲
在水面緩緩飄動，一如仙界
灘中小島靜靜的，在禪定中
奇石在綠翠如茵的舞台展演千姿百媚
江面彩勢與風雲共成一幅天馬行空圖

德天，得天之獨厚
如畫如詩
寫意，潑墨，狂草……
風雲變換間，這裡生成一個太平洋
晴雨偶爾打開另一個世界
一大片一大片的天空沉下來
化夜黑為山，化繁星為小島點點
化白晝為水，化彩雲在水晶裡漂流
德天，我目睹你的靈魂，得天之加持
你回應眾多徐霞客以恆久如新之奇幻愛意

遠觀花山崖壁畫　陳福成

── 遙想壯族老祖先

你們船在水上行
人在畫中游
狩獵、捕魚
不管時空怎樣流轉
二千年過去了
把徐霞客和許多旅人的讚歎
還有蟲魚鳥獸家畜
彩繪成一幅幅壯盛鮮明的花山崖壁畫

世上無情風雨無止息的呼嘯
多少生靈事蹟早已消逝散滅
壯族歷代先祖守好一盞燈
照亮壯族壯麗的一方世界
成為神州大地一亮點
我乃當今之南蠻邊陲徐霞客
眼睛，繪入了花山崖壁畫
心思，被壯族祖靈牽引

明仕河・田園・竹筏　　陳福成

傍晚，明仕河盤旋成一條龍
把大地當天空飛
晚了，蜷曲在暮色裡
忽然的，一陣風吹過獨木橋
那風帶著田園氣息
竟很快洗淨了凡塵侵擾
也許今夜我和親密愛人就等這陣風
這裡的風，怎讓人如癡如醉
在隱隱約約的風裡吹你入夢
夜，不可說的甜蜜和自然

早晨的田園
如走進西方淨土
啊！就是東方淨土世界
牧童和牛走在鄉間小路上
我們是牧童、是牛還是徐霞客？
農夫荷鋤在翠竹下
我們和農夫翠竹河流共成一幅淨土美景圖
桃花源何在？小桂林何在？
我在明仕河竹筏上見
遠處翠竹林有炊煙正裊裊升起

通靈大峽谷　陳福成

一條地底神龍
從古龍山水源林自然保護區向南穿越
駐蹕靖西湖潤的新靈村
在此指點江山
進而策劃必須執行千萬年的地下造山運動
終於串通五大峽，亦謂五大俠
合成　通靈大峽谷
俠俠都通靈

念八峽
他念念不忘的
要與天下所有的徐霞客保持
心有靈犀一點通
神通　通靈　通天地
峽谷兩側拱形石崖緊緊連通
你的眼 —— 神通

銅靈峽
從巨大的地底暗河飛昇
凌空千變的姿態媚誘你

其實他已是萬歲萬歲萬萬歲
巨大的鐘乳石
以穿透時空的功力抗衡地球
懸掛在虛空中

古勞峽
高懸的瀑布，其高無頂
深潭向下跌落，其深無底
無頂無底無邊
自成一奇幻宇宙

新靈峽
水天一色，幻境生花樹
潭水幽靜，一如我靜謐的詩句
遠處瀑布激起的水雲靈動
飄過來的
竟有酒香

新橋峽
千匹巨大的白簾自九天之上沉落
沉落　在潭面　無影蹤
又如有雪花飄來
飄在唐詩宋詞裡
正是這新橋峽的味道

舊州街幽情　　陳福成

一幅中國傳統國畫在這裡佈局
一道道山水的包圍
落座於喀斯特
宋元明清的古意依然鮮活

這裡專生產繡球
並無美女拋出
拋出的是山清水長
以人為美景
才使舊州永恆如新

舊州街的情意
從傳統走向現代
今夜，我倆在一現代民宿
思古幽情並解飢渴

鵝泉蜜情

何處能醞釀最甜蜜的私情？
與妳在鵝泉泡著
泡上一整夜
妳的微笑像早春的鵝泉之花
我們不立文字　教外別傳
蜜情永遠在鵝泉泡著
不思議　不可說

可說的是地裡
鵝泉生德天瀑布和珠江
另有兩姊妹
大理蝴蝶泉和桂平西山乳泉

註：鵝泉，在廣西靖西縣城南五公里的鵝山山麓，與大
　　理蝴蝶泉、桂平西山乳泉，合稱我國西南三大名
　　泉，為靖西八景之一。鵝泉，也是德天瀑布和珠江
　　的源頭，風光幽靜隱密，最適合情侶來，很快就泡
　　出蜜情。

田州古城謁抗倭女傑瓦氏夫人

陳福成

你是古城
從未作古
仍以年輕親切的活力
吸引天下徐霞客們來訪古
聽你說古道今
你這不朽不壞說書人走過幾千個年頭了

故事深陷在時空的罅隙裡
城門深深街道深深
灰色石牆砌起
右江革命史的滄桑
而今，是左是右
歷史仍吵個不停

你說右江千百年來
有貨在此運轉
古城街上的旗幟飄著兩個斗大的字
茶和酒

如今最有價值的觀光資源
還是那千年不壞
你我心靈神會的東方古典

田州古城有更偉大的特產
這裡是中華民族英雄豪傑的產地
最特別的一位是巾幗女英雄
瓦氏夫人
妳本是一位如花似水的女孩
何樣風雲使妳不凡

倭寇鬼子吃了熊心豹子膽
入侵大明江山
國難當頭
妳竟以鋼鐵的意志
淑女瞬間變鐵漢
率六千俍兵滅四千倭鬼
妳是大明的兒女
妳是壯族最聖潔的靈魂
妳是所有中華兒女永恆的典範

說書人說得讓人垂淚啊
我們感同身受
想想，在那個年代
一介女子奮勇而起
走出閨房
又以神州山河為閨房

取陽光和大地土當成胭脂紅粉
雨水就是香水吧

我們只是順道拜謁
起心動念間
炎黃老祖、秦皇漢武等中華祖靈
與我通靈、接心，傳旨
將妳英魂分靈、分香到臺灣寶島
臺北設「瓦氏夫人總廟」
餘各地可立「瓦氏夫人分廟」

新世紀以來倭寇鬼子又陰魂不散
企圖發動第四次滅華之戰
染指臺島
一群賣臺媚日的漢奸竟背叛祖宗
瓦氏夫人
祈求以妳抗倭滅倭之親身經驗
對這些罪人開示，回頭是岸

如是我聞
所有在臺壯族人們
海內外中華兒女、四海中國人
追隨瓦氏夫人英靈
消滅全部倭鬼，並收該列島為
中國扶桑省
從此，亞洲永絕後患
世界和平

註：瓦氏夫人，本名岑花，廣西壯族人，嫁同州岑猛，改
　　稱瓦氏。生於明宏治九年（一四九六），明嘉靖三十
　　四年（一五五五）逝世。瓦氏幼讀兵書，精通兵法，
　　明代倭寇鬼子來犯，瓦氏率六千俍兵，殲滅四千倭鬼。
　　她是廣西歷史上最著名女英雄，「俍兵」即狼兵，是
　　壯族的地方軍隊，也是明朝軍制內的「特種部隊」。

田州古城，位於壯族自治區百色市田陽縣，右江河
谷中游。

田陽也是壯民族發祥地，
抗倭女英雄瓦氏夫人的故鄉。

詩中所述瓦氏夫人分靈臺灣，現在只是詩國裡一介
詩人的構思，其實踐機會就看兩岸壯族人的因緣了！

詩中所提消滅全部倭鬼，收該列島改設「中國扶桑
省」，這是吾國自元朝以來該完成而未完成的「歷史
使命」，是中國人的「天命」。必今日本亡國，滅大
和民族，重建該列島為中國之一省，從此亞洲各國永
絕外患，世界和平。所謂「大和民族」，實是「大不
和民族」，乃地球上不該存在的物種。在本世紀中葉
前，日本這國家必亡於兩種方式（因果使然），一者
天亡之（十級以上地震），二者又發動戰爭被中國消
滅，成中國一省。

百魔洞裡住百仙　　陳福成

我們一行人等瞬間
到了不似人界之奇幻之境
魔界、神界、靈界、天界
難說之境界
巴馬甲篆「天下第一百魔洞」
集宇宙各星球之絕美於一洞

有石筍擎天
萬年鐘乳石構建為一大城
良田萬頃，一望無垠
孔雀迎賓，岩溶地質活成一隻隻靈動之鳥
金山猴王，牠們不想進化離洞了
杜甫吟詩，李白東坡陸游等都靜聽著
還有千百神仙在此修行

這是洞嗎？
非也
這是一個地下宇宙
我們經由「蟲洞」
穿梭於三界二十八重天
所見筆墨難言之境界

巴馬瑤族長壽村人　　陳福成

這裡的人就算從滿清走過來
也還沒有準備要老
因為那些讓人叫老的敵人
腰痠、背痛、失眠、失智、三高、退化⋯⋯
在外面的世界
比美軍入侵伊拉克的兵力還多
但在吾村環境裡難以存活
我們享用淨土般的陽光空氣水
自然甜美般的親情和人情

這裡的人和大家一樣都是人
有少年狂妄
有中年從容
樂天知命，不知有老
你問道於大院門口的百歲老奶奶
西窗外的夕陽照見了你的疑惑和焦慮
又一群年幼孫孫輩吵著老奶奶說故事
瓦氏夫人抗倭滅倭完結篇還沒講
老奶奶說著，就開始說下去了

　　　　　註：巴馬瑤族長壽村是世界五大長壽村之一，這五大，
　　　　　　　中國有其二，另一在新疆。

船遊百鳥岩・過陰陽兩界　陳福成

這一刻，乘船而來
過陰陽兩界
風雲變換到達極致
而時光凝固成
百鳥岩

船行於碧波光影之海
時而轉換成洞中之洋
天窗有黑白輪迴
視界有陰陽交替
幻妙如西方極樂世界

這一盅茶功夫
你重見天日
你如夢初醒
隔世再生
出現一個不一樣的你

廣西博物館　　陳福成

　　來看這博物館
　　一夜驚魂
　　有關民族的
　　所有的死亡都在此轉世重生
　　所有過去的時間都通向現在
　　被焚毀的物質轉換成一種美學

　　所謂物質不滅定律
　　所謂能量永恆存在
　　在此得到見證
　　來看這一個民族崛起的
　　窗口
　　一見驚魂

南湖名樹博覽園　　陳福成

這裡的樹自動自發團結起來
產生地球進化史上最大影響力
竟讓太陽失溫
又使地球暖化惡勢力恐懼
佛肚竹、南洋衫、大王椰、佛樹、蒲葵……
以及臺灣相思亦回歸並落地廣為繁殖
如是得名而成標誌性博覽園林

我步行林間
頭頂夠到藍天
吸一口清涼空氣
有如產自西方淨土的味道
肺領導著全身細胞都鮮活快樂叫好
眾樹高興得跳舞相互擁抱
配合微風、鳥鳴合唱廣西民歌

澳門景點有感　　陳福成

東西放得夠久變古董
價值連城
恥辱放得夠久
麻木成一種鈔票
人潮即錢潮
恥辱也就成為老古董

大三巴牌坊
當年帝國主義的先頭部隊
聖保祿奉天主之命
在此牧羊
那時，這裡的羊群
又飢又渴，好可憐！
最可憐是沒有家，家得不到國的保護

盧家大屋
中華文明典型的建築風格
在西風中

搶一席之位
總算也能立足於異文明之陰影裡

玫瑰堂
那時西方眾神的領導們
在此辦公、開會
製訂了一套大戰略構想
研究如何打敗佛祖、媽祖、觀世音等
甚至三公、土地公等全部要消滅

　　　註：中國民間信仰的「三公」，即堯、舜、禹三聖

漁人碼頭　　陳福成

碼頭是戀愛和失戀的地方
我來此找尋一段失落在古代的情意
我知道，女孩的歌聲
仍在此守候
守候過往的船隻，守候
一個妳我共同的夢境

碼頭一再重建
妳我心中也有一方碼頭
從未改變
我請春天送花給妳
漁人老了，船隻舊了
尚未見妳的回音

我 愛 妳　陳福成

我說我愛妳
不是妳，也不是她
是廣西，廣西
我愛妳

我們距離很遠
我們從未見過面
所以有人說我不能寫情詩說愛妳
別聽人家鬼扯
妳始終在我心上
是我的心上人
住我心一個甲子多了
怎說我們沒見過面
啊！我愛廣西

儘管歲月如梭，滄海桑田
我始終愛廣西
如妳，廣西，絕不會變心成廣東
如我，一個詩人的真性情

頌，中國全民民主統一會

陳福成

頌！中國全民民主統一會
頌！滕傑、陶滌亞、王化榛、吳信義
你們開天闢地，守護家園
你們上承三皇五帝、秦皇漢武、李杜三蘇
把中華文化傳揚
把兩岸同胞融合

滕傑、陶滌亞
先賢先烈，全身烈焰
從戰火中走來
河山
所有的空間滿是彈孔
所有的時間都是砲擊
邪魔勾結倭寇
白骨堆成的河山
長江黃河怒，水都沸騰
怒江亦怒

怒氣未消之際
已被一個大時代的怒濤巨浪
沖向南蠻孤島

休息是為了走更遠的路
休兵是為了再壯大
整軍經略是為了收拾舊山河
誰知道時間也會殺人
殺死了偉大的領袖
殺死了領袖的兒子
群龍無首，歪道橫行
滕傑、陶滌亞先後起而奮戰
以「中國全民民主統一會」之名
發出一道合乎吾國吾族吾祖思維
神咒旨令
「寧共勿獨」
有效時間：千秋萬世
負責執行：中華兒女，子子孫孫

滕傑、陶滌亞
你們現在是中國人的精神典範
吾取五嶽之土
雕塑你們的超凡神像

只是我們不要把你倆神格化
因為我怕、怕
我們酒喝多了，太高興了
忘了使命，失了勇氣
您倆得冷峻地看着人間
盯着我們所有會員
只有冷峻、理性的民族精神
就算您倆心中充滿愛
也只能公事公辦
救國家、救民族
讓廿一世紀成為中國人的世紀
寧共勿獨啊！

王化榛、吳信義
前領導和現領導
都是我們的老大哥
您帶着我們、我們追隨您們
找尋未來的中國夢
在這夢境
我們不想去玩誰、攻打誰
我們玩玩平等的遊戲
向人展示
西塘明月、烏鎮漁火、周庄幻境、婺源秋色

西湖斷橋、宏村桃源，以及神州四極風光
找尋這個夢很難嗎？
是有點難

這個夢，我們找了五千年
高興過，失望過，迷茫過
但從來沒有放棄過
有時候，好像要圓夢了
又分開
不久似又合而為一
來一陣魔界黑風
又吹散了
這些年來，王會長、吳會長
帶着大家努力追夢
寧共勿獨

中國夢
也是中國全民民主統一會的夢
我們共同在做
這不是白日夢
睜開眼、人清醒，你所有到的世界
全球中國化
都是一步步接近夢想成真的喜悅

頌 ——

中國全民民主統一會

頌 ——

滕傑、陶滌亞、王化榛、吳信義

大法傳承

在南蠻亂邦

在越來越黑暗的地方

我們點起一盞光明燈

絕不要讓黑暗佔領所有地盤

點燃一盞燈

也可以北望中原

可以實現中國夢的地方

必然也是一片光明

照亮全球

再頌 ——

中國全民民主統一會

因為你的愛

愛炎黃的血緣從你的先祖傳到你

你的體內流着炎黃的血緣

因為你的愛

愛中華文化，愛先祖住的神州大地

我們的土地、我們的文化
我們的子民、生生世世子孫
快樂生活的天地
我們怎能不愛？
中國全民民主統一會，頌！

廣西情歌・大眾情人

我們來了
我們不想回去了
也不出門
關在我們的世界
聽廣西情歌、賞廣西情人
沉魚落雁

我從很遠的地方
揚棄紅塵
為到廣西聽你唱情歌
聽你說瓦氏夫人的故事
我換上新衣
畫一彎漂亮的眉毛
只有一種表情
愛

我到了
百魔洞裡住百仙
洞外有花果山
有樹葉落下，不落地
有陽光灑落，光不流失
奇跡啊!奇跡 !

歌聲飄來
誰醉了
旅人、小鳥和我們
我也說一則瓦氏夫人的故事
故事和情歌
唱成一支支催眠曲
閉上眼睛
只能想妳
有妳，就有夢
有妳的夢
才能安祥安睡

其實
我是為妳而來
廣西情歌
民族姑娘

妳讓所有的人來了
不想走
出了門也不想回門
啊!廣西情歌
我們的大眾情人

對唱情歌　岸邊迎賓

百魔洞洞外廣場，長壽村村民
壯族人，奏樂歌唱休閒作樂。

參訪遊記攝影集錦

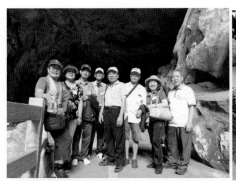

船遊明江 ── 遠觀 2000 年前壯族人壁畫(壁畫永不退色)

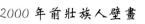

2000 年前壯族人壁畫

龍州明江遊船・船上卡拉 OK・觀花山崖壁畫

龍州明江遊船卡拉 OK‧觀花山崖壁

旅遊快樂餐 1

旅遊快樂餐 2

旅遊快樂餐 3

四位美女士的快樂早餐

↑ 崇左市聯誼快樂餐會 ↑

7月29日廣西崇左市長一行八人蒞台參訪

崇左市台辦方主任文宏（中）和黃理事（左2）

美女、三朵金花暨一點藍

美女攝影於靖西縣通靈大峽谷瀑布靠近山谷下

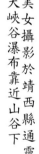

孝子父子檔，九一高齡遊

龍州明江觀花山崖壁畫豪華遊輪，
對口有一艘木筏舟形成對比。

通靈大峽谷瀑布近攝影

明仕河田園媲美桂林山水

↑明仕河田園竹筏遊河→

跨國界德天大瀑布

曲橋小圓洞，攝影大景觀

長壽鄉引水風車

舊州 — 鴨群在湖中岸邊，悠悠自在

明仕河田園竹筏遊河，竹筏東家及解說員壯族姑娘

團員芳名薈萃錄　黃錦璋

文辭遊戲獻至誠　芳名鑲字喜來登
雅俗共賞勿見笑　字意表述一家親

吳信義：信為人中尊　　義乃世上道
黃錦璋：文采如秀錦　　品德似華璋
陳淑貞：淑女人倫首　　貞潔如玉石
陳美枝：美如天仙子　　枝頭喜上梢
張　屏：屏公健而壯　　之子喜孜孜
張若鋈：若望旱霓雨　　鋈聲鏗鏘求
周談輝：談笑有古風　　輝煌無白丁
吳元俊：元亨利貞卦　　俊傑左右衛
廖振卿：振興利百業　　卿雲在眼前
蔡享民：享盡人中儴　　民氣如雲龍
李宗達：宗親本一家　　達觀傳百代
張萬福：萬在千百上　　福佈億兆中
王世輝：世間一江水　　輝耀萬重山
林秀珍：秀麗比鳳凰　　珍瓊如聖賢

彭正雄：正中受仰止　雄外自超群

韓游春：游藝與依仁　春賽夏秋冬

謝隘全：隘巷多文物　全在無中有

傅月英：月老紅線牽　英姿掛黃袍

董瑞麒：瑞應禮樂第　麒麟駐門當

黃素琴：素娥從天降　琴音幽谷來

劉文怒：文本不喜平　怒予善怒人

許世霞：世上有異象　霞光照人間

歐陽布：歐陽稱姓氏　布達萬世倫

林盈榮：盈餘用布施　榮貴勝前時

周兆熙：兆民世世賴　熙攘日日懷

黃昭升：昭如日月星　升堂入爾室

林美惠：美譽滿人間　惠眾導群倫

邱秀玉：秀慧如仙子　玉貌比天使

陳玉珠：玉女聖潔俱　珠聯璧合巧

李桂春：桂馥與蘭薰　春露又秋霜

周安花：安家安夫子　花容賽西施

陳秀梅：秀氣人聰慧　梅蘭竹菊友

王魁元：魁奇人中龍　元勳兆民欽

附錄：宜蘭遊

宜蘭一日記遊

台　客

　　10月11日，雙十國慶過後次日，終於迎來睽違已久的全統會宜蘭一日遊。一大早從鶯歌家中出發，騎機車、趕火車轉捷運，終於在七時五十分抵達士林捷運站的一号出口集合處，赫見已有很多人抵達，大家相見歡！

　　八點正遊覽車來了，大家迅速上車，車子不久開上高速公路，直往宜蘭方向前進。車上有貼心的秀蓉女士幫大家服務，發水煎包早點，倒茶水，另每人發一個水煮蛋。秀蓉說這些蛋是她今天一大早燒開水加愛心煮的，難怪吃起來特別好吃。

　　上午九點半左右抵達顧問黃錦璋位於宜蘭的獨棟豪宅別墅。錦璋兄用陳年普洱茶及鮮黃上等香蕉招待大家，並一一介紹當年購買此棟豪宅的因緣經過，大家聽得過癮。吃喝及參觀完畢，大家在豪宅內外集體合影才離開。

　　車子由宜蘭開往蘇澳，十一點半抵達蘇澳一家海產餐廳，此餐由錦璋顧問作東，席開三桌，大家吃得酒足飯飽(席間啤酒由祕書長陳淑貞供應無限暢飲)。

　　下午一點多離開餐廳，車子開往員山鄉的會員周安花的家。安花的家是長方型結構，屋後還可養魚種花種菜，兼養鵝養雞，簡直是迷你農場。大家在安花家中的客廳唱卡拉 OK，

品茶喝陳年金門高粱配花生，歡樂了一個多鐘頭，下午三點左右才離開。

　　車子續載大家至員山鄉的「兔子迷宮」遊玩。不來不知道，一來嚇一跳。原來所謂「兔子迷宮」是一家位於員山鄉半山頂的觀景餐廳。在餐廳外面可觀賞大蘭陽平原的風景。另室內佈置有很多大小兔子布偶，戶外也養了十多隻活兔，並有類似迷宮的設施，故名也。

　　大家在餐廳內喝飲料聊天，下午近五點才離開。天下著大雨，原預訂前往的萬龍埤步道只好取消，直接開往宜蘭市的「駿」懷舊餐廳用晚餐。席開五桌，有十多位宜蘭好友，錦璋兄弟的兄弟前來助陣。大家觥籌交錯，歡宴了近兩個小時才結束。

　　晚上七點多車子又啟動了，直接開回台北，一個多鐘頭後抵達士林捷運站，大家紛紛道別賦歸。

(2017,10,12 晨)

全統會33位會友宜蘭一日遊，拜會黃錦璋七位兄弟及家眷於宜蘭市的「駿」懷舊餐廳用晚餐，餐會後全體合影。2017.10.11

周安花在宜蘭精心經營的高雅花園雅居

宜蘭金門同鄉會・周安花雅居

遊員山鄉的「兔子迷宮」留影

全統會會友宜蘭行參訪黎明居前合影

周安花典雅卡拉 OK 廳高歌

黃錦璋之黎明居

黎明居合影　↑　　　→

黃錦璋在「駿」懷舊餐廳介紹七位弟兄之神情

安花以陳年普耳茶招待佳賓

黃錦璋在「駿」懷舊餐廳介紹七位弟兄家眷

「駿」懷舊餐廳牆壁的武塔←漢本→和平車站牌

附錄一

離座不忘回頭看

黃錦璋

俗諺：萬金難買早知道。 我說：離座不忘回頭看。 雖然是簡單的一句話，內含多少悔悟，但都已經來不及了。

吾人從小到大，由於沒有養成"離座回頭看"的習慣，遺忘在座位邊的小東西，諸如：鋼筆、戒指、手錶、雨傘、眼鏡、假牙、手機、帽子、鑰匙、錢包、記事本、照相機……等等，不勝枚舉。價值則由數十元至數萬元不等，更重要的是內容重要資訊與各類證件的重新申請與建立，曠日費時，事後才後悔早知道，當時回頭看一下就沒事了。

另就身體健康狀況而言：每天上完大號、小號，順便回頭看一下：大便的形狀、顏色、量的多寡；小便的色澤，是否濃於枯草色等，都可做為就醫或第三醫學的參考。

在此順便說明一下：大便若呈墨黑色，首先要回想：昨天是否吃了高成分鐵質的食物？例如：豬血、鴨血或肝類？如若不然，就要趕緊就醫，很可能是胃出血的徵兆；大便稀而黏稠，很可能腸病涉癌，不可不防。至於小便顏色，近似濃茶，表示

肝火旺盛或肝疾警訊，必須立刻就醫。

　　我們求學的經過，從小學、國中、高中、大學、研究所、博士班……及任職的經歷：初為老師的學生，後來漸漸擔任屬下的長官，無論換任何一個求學學府或步步高升的職場等等，你若能回頭看一下過往的成敗得失。所謂：前事不忘，便可做為後事之師，爾後你的人生里程，便可獲得順利無虞。　經我個人觀察，最容易讓吾人遺忘回頭看的場所是：到親友家訪晤，搭乘各種公共交通工具(如：計程車、公共汽車、捷運、火車……等)到公共娛樂場所(如：健身房、游泳池、電子遊樂場、運動場、歌廳、舞廳……等)，休憩、餐廳(如；咖啡廳、茶藝館、自助餐廳、餐敍場合……等)自家廚房、客廳(忘了關瓦斯、水電開關等)，就學過程、就任新職前……等。爰作順口溜一則，謹供參考：

　　　離座不忘回頭看　隨身物品記心上
　　　廚房客廳關火源　家道平安勝保全

附錄二

淺談第三醫學

黃錦璋

拙作〈離座不忘回頭看〉中，提到…可以作為第三醫學參考。經會長信義兄要求，再深入一點介紹何謂〈第三醫學〉？爰遵示淺談一二。

依據世界衛生組織，對醫學界的分類：

西　　醫：泛稱第一醫學，也叫實證醫學或治已病的醫學。晚近一個世紀來也涵蓋部分第三醫學。

中　　醫：泛稱第二醫學，同西醫也是治療已病醫學或藝術醫學。中醫有歷史記載，千年來頗多範疇，均已涵蓋較多的第三醫學。

第三醫學：凡治未病或預防罹病的醫學，重點在平時的養生與保健，其歷史則更早於中醫，且中外半個世紀以來，更是大力的在研發與推廣。

質言之：第一、二醫學都是醫治已經生了病的人類，而第

三醫學則是針對尚未生病的人類，預先做防範措施，使人類得以久保平安、健康、長壽。

　　君若要問第三醫學，涵蓋那些範圍？狹義的說：只要注意平時衣、食、住、行的養生與保健即是。若就廣義的說，則涵蓋範圍較為寬廣，分類如下：

一、施打各種防疫疫苗。如破傷風、流感疫苗、Ｂ型肝炎疫苗、百日咳、肺結核疫苗……等。

二、養生進食。如運用營養學，吸取動、植物，菌、藻類及稀有元素、礦物質暨運用
　　生物科技所研發出來的產品，如魚油、維他命等，以增進人類健康所必須之食物。

三、運用陽光、水分、空氣之轉換所產生之物質，如電熱能、電解水、氧氣水分子……等。

四、運用自身穴道之按壓、針灸、溫炙等，以防範疾病之發生。

五、運用人類之智慧，開創各種不同運動方式，達到健康，預防各種疾病之發生，如：太極拳，瑜珈，氣功，禪修等。

六、日常生活飲食的選擇，如：素食與葷食的選擇等。

七、用餐時細嚼慢嚥，可改慢胰島素分泌的功能。

八、運用宗教信仰力量，達到未病之目的。如祈禱。

九、運動：運動不是萬靈丹，卻是精神、體力的泉源。

十、其他

誠如前述，第三醫學亦稱預防醫學，也可以說是養生保健的醫學。因此，吾人對養生、保健越豐富，對自身越有助益，所以：吾人就是最佳的專業醫師。阿基師說：外食好吃，卻不營養；自家料理不如外食好吃，卻較營養，因此：廚房，家庭主婦就是最好的醫院與醫師。

黎明居

附錄三　　家族稱謂　　正雄提供

一、直系血親

先　　祖	世代稱謂	後　　裔	世代稱謂
生己者為父母	父	父之子為子	子
父之父為祖	祖父	子之子為孫	孫
祖父之父為曾祖	曾祖父	孫之子為曾孫	曾孫
曾祖之父為高祖	高祖父	曾孫之子為玄孫	玄孫
高祖之父為天祖	天祖父	玄孫之子為來孫	來孫
天祖之父為烈祖	烈祖父	來孫之子為晜孫	晜孫(音昆)
烈祖之父為太祖	太祖父	晜孫之子為仍孫	仍孫
太祖之父為遠祖	遠祖父	仍孫之子為雲孫	雲孫
遠祖之父為鼻祖	鼻祖父	雲孫之子為耳孫	耳孫
書中說：因人懷胎，鼻先受形，故鼻祖為始祖。		書中說：耳孫者，謂祖甚遠，僅耳目聞之也。	

二、祖宗十八代的稱呼

祖宗十八代是指自己上九代、下九代的宗族成員。按次序稱謂為：

往上按次序稱謂	往下按次序稱謂
1 生己者為父母，	1 父之子為子，
2 父之父為祖，	2 子之子為孫，
3 祖父之父為曾祖，	3 孫之子為曾孫，
4 曾祖之父為高祖，	4 曾孫之子為玄孫，
5 高祖之父為天祖，	5 玄孫之子為來孫，
6 天祖之父為烈祖，	6 來孫之子為晜（讀 kun=昆）孫，
7 烈祖之父為太祖，	7 晜孫之子為仍孫，
8 太祖之父為遠祖，	8 仍孫之子為雲孫，

9 遠祖之父為鼻祖。	9 雲孫之子為耳孫。
即：父、祖、曾、高、天、烈、太、遠、鼻。	即：子、孫、曾、玄、來、晜、仍、雲、耳。
書中說：因人懷胎，鼻先受形，故鼻祖為始祖。	書中說：耳孫者，謂祖甚遠，僅耳目聞之也。

三、九族圖

				高祖父母			
			曾祖姑	曾祖父母	曾伯叔祖父母		
		族祖姑	祖姑	祖父母	伯、叔祖父母	族伯叔祖父母	
	族姑	堂姑	姑	父母	伯叔父母	堂伯叔父母	族伯叔父母
族姐妹	再從姐妹	堂姐妹	姐妹	己身	兄弟	堂兄弟	再從兄弟	族兄弟
堂侄孫女	堂侄女	侄女	子	侄	堂侄	再從侄	
	堂侄孫女	侄孫女	孫	侄孫	堂侄孫		
		曾侄孫女	曾孫	曾侄孫			
			玄孫(元孫)				

四、父系親屬稱謂

稱 呼 對 象	稱　　呼	自　稱	他人敬稱	向他人謙稱
父親之遠祖父(母)	鼻祖父(母)	耳孫		
父親之太祖父(母)	遠祖父(母)	雲孫		
父親之烈祖	太祖父(母)	仍孫		

稱呼對象	稱呼	自稱	他人敬稱	向他人謙稱
父(母)				
父親之天祖父(母)	烈祖父(母)	晜孫		
父親之高祖父(母)	天祖父(母)	來孫		
父親之曾祖父(母)	高祖父(母)	玄孫		
父親之祖父(母)	曾祖父(母)	曾孫(女)	今曾祖父(母)	家曾祖父(母)
父親之伯祖父(母)	曾伯祖父(母)	曾侄孫(女)	令曾伯祖父(母)	家曾伯祖父(母)
父親之叔祖父(母)	曾叔祖父(母)	曾侄孫(女)	令曾叔祖父(母)	家曾叔祖父(母)
父親之父(母)親	祖父爺爺公公	孫(孫女)	令祖、令祖母	家祖、家祖母
父親之伯父(母)	伯祖父(母)	侄孫(侄孫女)	令伯祖父(母)	家伯祖父(母)
父親之叔父(母)	叔祖父(母)		令叔祖父(母)	家叔祖父(母)
父親之姑母(父)	姑祖母(姑奶奶)	內侄孫(女)	令姑祖母(父)	家姑祖母(父)
父親之舅父(母)	舅祖父(舅爺爺)	外孫(女)	令舅祖父(母)	家舅祖父(母)
父親之姨父(母)	姨祖父(姨爺爺)	姨外孫(女)	令姨祖父(母)	家姨祖父(母)
父(母)親	父親爸爸(母親娘)	子、兒子(女)	令尊尊君(母)	家父(母)家嚴家慈
父親之繼妻	繼母繼娘媽媽	繼子(女)	令繼母,令堂	家繼母、家慈
父親之兄(嫂)	伯父、伯伯	侄子(侄	令伯、(令	家伯父(母)

稱 呼 對 象	稱　　呼	自　　稱	他人敬稱	向他人謙稱
		女)	伯母)	
父親之弟(嫂)	叔父(母) 季父(母)	女)	令叔、 (令叔母)	家叔父 (嬸母)
父親之姐妹	姑母姑姑	內侄、內 侄女	令姑母(父)	家姑父(母)
父親之堂兄 (嫂)	堂伯父(母)	堂侄、堂 侄女	令堂伯(母)	家堂伯父 (母)
父親之堂弟 (嫂)	堂叔父(母)	堂侄、堂 侄女	令堂叔(母)	家堂叔父(母 嬸)
父親之表伯 父(母)	表伯祖父 (母)	表侄孫 (女)	令表伯祖 (母)	家表伯父 (母)
父親之表叔 父(母)	表叔祖父 (母)	表侄孫 (女)	令表叔祖 (母)	家表叔父 (母)
父親之表兄 (嫂)	表伯父(母)	表侄、表 侄女	令表伯(母)	家表伯父 (母)
父親之表弟 (嫂)	表叔父(母 嬸)	表侄、表 侄女	令表叔(母)	家表叔父 (母)
父親之堂姐 妹(夫)	堂姑(父)	內堂侄 (女)	令堂姑(父)	家堂姑父 (母)
父親之侄兒 (媳)	堂兄(弟)	堂兄(弟) 堂姐(妹)	令堂兄 (弟)(嫂)	家堂兄 (弟)(嫂)
父親之侄女 (婿)	堂姐妹堂姐 妹夫	堂兄(弟) 堂姐(妹)	令堂姐 (妹)(夫)	家堂姐 (妹)(夫)
稱 呼 對 象	稱　　呼	自　　稱	他 人 敬 稱	向他人謙稱
母親之祖父 (母)	外曾祖父 (母)	外曾孫 (女)	令外曾祖 (母)	家外曾祖 (母)
母親之父(母)	外祖父(母) 外公、外婆	外孫 外孫女	令外尊父 (母)	家外祖父 (母)

稱呼對象	稱呼	自稱	他人敬稱	向他人謙稱
母親之伯父(母)	外伯祖父(母)	外侄孫(女)	令外伯祖父(母)	家外伯祖父(母)
母親之叔父(母嬸)	外叔祖父(母)	外侄孫(女)	令外叔祖父(母)	家外叔祖父(母)
母親之舅父(母)	外舅祖父(母)	外孫、外孫女	令外舅祖(母)	家外舅祖父(母)
母親之姨父(母娘)	外姨祖父(母)	外姨孫(女)	令外姨祖(母)	家外姨祖父(母)
母親之姑父(母)	外姑祖父(母)	外侄孫(女)	令外姑祖(母)	家外姑祖父(母)
母親之表伯父(母)	外表伯祖父(母)	外表侄孫(女)	令外表伯祖(母)	家外表伯祖父(母)
母親之表叔父(母嬸)	外表叔祖父(母)	外表侄孫(女)	令外表叔祖(母)	家外表叔祖父(母)
母親及父親	母親媽媽娘父親,嚴父,爹	子、男、孩子女、女兒	令尊、令嚴令堂令母令慈	家父家嚴家母家萱家堂
母親之後夫	繼父(爸爸)	繼子(女)	令繼父	家繼父
母親之兄弟(嫂)	舅父、舅母	外甥(女)	令舅父(母)	家舅父(母)
母親之姐妹	姨母、阿姨	姨外甥(女)	令姨母(阿姨)	家姨父
母親之姐丈妹夫	姨丈、姨爹	姨外甥(女)	令姨父(姨丈)	家姨父(姨丈)
母親之堂兄弟(嫂)	堂舅父(母)	堂外孫(女)	令堂舅父(母)	家堂舅父(母)
母親之表兄弟(嫂)	表舅父(母)	表甥(女)	令表舅父(母)	家表舅父(母)
母親之表姐妹(夫)	表姨母(父)	表姨甥(女)	令表姨父(母)	家表姨父(母)

五、母系親屬稱謂

稱呼對象	稱　呼	自　稱	他人敬稱	向他人謙稱
母親之祖父(母)	外曾祖父(母)	外曾孫(女)	令外曾祖(母)	家外曾祖(母)
母親之父(母)	外祖父(母)外公、外婆	外孫外孫女	令外尊父(母)	家外祖父(母)
母親之伯父(母)	外伯祖父(母)	外侄孫(女)	令外伯祖父(母)	家外伯祖父(母)
母親之叔父(母嬸)	外叔祖父(母)	外侄孫(女)	令外叔祖父(母)	家外叔祖父(母)
母親之舅父(母)	外舅祖父(母)	外孫、外孫女	令外舅祖(母)	家外舅祖父(母)
母親之姨父(母娘)	外姨祖父(母)	外姨孫(女)	令外姨祖(母)	家外姨祖父(母)
母親之姑父(母)	外姑祖父(母)	外侄孫(女)	令外姑祖(母)	家外姑祖父(母)
母親之表伯父(母)	外表伯祖父(母)	外表侄孫(女)	令外表伯祖(母)	家外表伯祖父(母)
母親之表叔父(母嬸)	外表叔祖父(母)	外表侄孫(女)	令外表叔祖(母)	家外表叔祖父(母)
母親及父親	母親媽媽娘父親,嚴父,爹	丑、男、孩子女、女兒	令尊、令嚴令堂令母令慈	家父家嚴家母家萱家堂
母親之後夫	繼父(爸爸)	繼子(女)	令繼父	家繼父
母親之兄弟(嫂)	舅父、舅母	外甥(女)	令舅父(母)	家舅父(母)
母親之姐妹	姨母、阿姨	姨外甥(女)	令姨母(阿姨)	家姨父
母親之姐丈妹夫	姨丈、姨爹	姨外甥(女)	令姨父(姨丈)	家姨父(姨丈)
母親之堂兄弟(嫂)	堂舅父(母)	堂外孫(女)	令堂舅父(母)	家堂舅父(母)
母親之表兄弟(嫂)	表舅父(母)	表甥(女)	令表舅父(母)	家表舅父(母)
母親之表姐妹(夫)	表姨母(父)	表姨甥(女)	令表姨父(母)	家表姨父(母)

六、兄弟姐妹親屬稱謂

稱呼對象	稱　　呼	自　稱	他人敬稱	向他人謙稱
兄(兄之妻)	兄長兄嫂嫂	弟妹夫弟夫妹	令兄尊兄令嫂	家兄(家嫂)
弟(弟之妻)	弟弟、弟婦弟媳	兄、姐夫兄、夫姐	令弟淑弟介弟令弟婦	舍弟、家弟舍弟婦
姐(姐之丈夫)	姐姐、姐夫	弟妹內弟內妹	令姐、令姐夫	家姐、家姐夫
妹(妹之丈夫)	妹妹、妹夫	兄姐內兄內姐	令妹、令妹夫	舍妹、舍妹夫
叔伯之子(媳)	堂兄弟、堂嫂	堂兄弟、堂姐妹	令堂兄弟令堂嫂	家堂兄弟家堂嫂
叔伯之女(丈夫)	堂姐、堂妹　堂姐丈、堂妹夫	堂兄(姐)堂弟(妹)　內堂兄、夫堂姐	令堂姐(妹)　令堂姐丈(妹夫)	家堂姐、家堂妹　家堂姐丈(妹夫)
姑父舅父姨父兒(媳)	表兄弟、表嫂	表兄弟、表姐妹	令表兄弟令表嫂	家表兄弟家表嫂
姑父舅父姨父女(夫)	表兄弟妹表嫂	表兄弟、表姐妹	令表兄弟令表夫	家表兄弟表姐丈
嫂嫂、弟媳、姐夫妹夫等之父母	姻家父(姻翁)姻家母	姻家侄姻家侄女	令姻翁令姻母	家姻翁家姻母
嫂嫂、弟媳、姐夫妹夫等之伯父母	姻家伯父(姻翁)姻家伯母	姻家侄姻家侄女	令姻家伯父令姻家伯母	家姻伯父家姻伯母
嫂嫂、弟媳、姐夫妹夫等之叔父母	姻家叔父(姻翁)姻家叔母	姻家侄姻家侄女	令姻家叔父令姻家嬸母	家姻叔父家姻嬸母

稱呼對象	稱　呼	自　稱	他人敬稱	向他人謙稱
嫂嫂弟婦之兄弟(嫂)	姻兄弟姻嫂	姻兄弟、姻姐妹	令姻兄弟令(嫂)	家姻兄弟(嫂)
嫂嫂、弟婦之嫂	姻嫂	姻弟姻妹	令姻嫂	家姻　嫂
姐丈、妹夫之嫂				
嫂嫂、弟婦之弟媳	姻弟婦	姻弟姻妹	令姻弟婦	舍姻弟婦
姐丈、妹夫之弟媳				
嫂嫂、弟婦之姐妹	姻姐、姻妹	姻兄、姻弟姻姐、姻妹	令姻姐、令姻妹	家姻姐、家姻妹
姐丈、妹夫之姐妹				
嫂嫂、弟媳之姐夫	姻姐丈(夫)	姻弟、姻妹	令姻組丈(夫)	家姻組丈(夫)
姐丈、妹夫之姐夫				
嫂嫂、弟媳之妹夫	姻妹夫	姻兄、姻姐	令姻妹夫	家姻妹年
姐夫、妹夫之妹夫				

七、夫系親屬稱謂

稱呼對象	稱　呼	自　稱	他人敬稱	向他人謙稱
丈夫	夫君郎君卿良人	妻	令夫(令夫君)	拙夫(外子)
丈夫之祖父(母)	祖翁爺爺奶奶	孫媳	令祖翁令祖婆	家祖翁家祖婆
丈夫伯祖父(母)	伯祖翁伯祖婆	侄孫媳	令伯祖翁(婆)	家伯祖翁(婆)
丈夫叔祖父(母)	叔祖翁叔祖婆		令叔祖翁(婆)	家叔祖翁(婆)
丈夫之父(母)	公公爸爸婆婆	媳 (兒媳)	令翁尊翁(母)	家翁、家婆

稱呼對象	稱　呼	自　稱	他人敬稱	向他人謙稱
丈夫之伯父(母)	伯父、伯母	侄媳	令伯翁(母)	家伯翁(母)
丈夫之叔父(母)	叔父、嬸娘		令叔翁(嬸)	家叔翁(母)
丈夫之兄弟(嫂)	阿哥阿弟嫂嫂	弟媳、弟婦、嫂	令阿伯叔(母)	夫兄弟、夫嫂
丈夫之姐妹(夫)	阿姑姐姐姑爺		令姑、令姑爺	家姑、家姑爺
丈夫之姑母(父)	姑母、姑父	內侄媳	令姑母(姑爺)	家姑母(姑爺)
丈夫之舅父(母)	舅父、舅母	甥媳	令舅父(母)	家舅父(母)
丈夫之姨父(母)	姨父、姨母	姨侄媳	令姨父(母)	家姨父(母)

八、妻系親屬稱謂

稱呼對象	稱　呼	自　　稱	他人敬稱	向他人謙稱
妻　子	妻愛人老婆	夫	夫人尊夫人	內人內子掘荊
妻之曾祖父(母)	岳曾祖父	曾孫婿、曾孫女婿	令曾岳祖父(母)	家曾岳祖父(母)
妻之伯祖父(母)	岳伯祖父(母)	侄孫婿侄孫女婿	令岳伯祖父(母)	家岳伯祖父(母)
妻之祖父(母)	岳祖父(母)	孫婿、孫女婿	令岳祖父(母)	家岳祖父(母)
妻之叔祖父(母)	岳叔祖父(母)	侄孫婿侄孫女婿	令岳叔祖父(母)	家岳叔祖父(母)
妻之父(母)	岳父母丈人泰山	婿、女婿	令岳父尊岳	家岳父(母)
妻之伯父(母)	岳伯父(母)	侄婿、侄女婿	令岳伯父(母)	家岳伯父(母)
妻之叔父(嬸母)	岳叔父(母嬸)	侄婿、侄女婿	令岳叔父(母)	家岳叔父(母)
妻之兄	內兄、舅子	妹夫(妹婿)	令舅(令內兄)	家內兄(敝內兄)

妻之嫂	內嫂(舅嫂)	姑丈	令舅嫂(令內嫂)	家內嫂
妻之弟	內弟(舅子)	姐夫(姐丈)	令舅(令內弟)	舍內家(敝內弟)
妻之弟媳	內弟媳	姑丈	令內弟媳	舍內弟媳
妻之姐	姨姐(姨子)	姨妹夫	令姨姐	家姨姐
妻之姐丈	姨夫(襟兄)	襟兄(姨夫)	令姨夫(令襟兄)	家襟兄
妻之妹	姨妹(姨子)	姨姐丈	令姨妹	舍襟妹
妻之妹夫	姨夫(襟弟)	襟弟(姨夫)	令姨夫(令襟弟)	舍襟弟
妻之姑母	內姑母	內侄婿	令內姑母	家內姑母
妻之姑父	內姑父	內侄婿	令內姑父	家內姑父
妻之姨母	內姨母	內姨侄婿	令內姨母	家內姨母
妻之姨父	內姨父	內姨侄婿	令內姨父	家內姨父
妻之舅母	內舅母	內甥婿	令內舅母	家內舅母
妻之舅父	內舅父	內甥婿	令內舅父	家內舅父
妻之表伯父	內表伯父	內表侄婿	令內表伯	家內表伯父
妻之表伯母	內表伯母	內表侄婿	令內表伯母	家內表伯母
妻之表叔父	內表叔父	內表侄婿	令內表叔	家內表叔父
妻之表叔母	內表嬸母	內表侄婿	令內表嬸	家內表嬸母
妻之表兄	內表兄	內表兄	令內兄	家內表兄
妻之表弟	內表弟	內表弟	令內表弟	家內表弟

妻妾稱呼：髮妻、內子、內人、拙荊、山荊、荊妻、荊室、小君、細君、髮室、繼室、續弦、妾、小妻、
小妻、小星、如妻、如夫人、側室、偏室、偏房、室、副妻、小老婆

九、晚輩親屬稱謂

稱呼對象	稱　　呼	自　　稱	他人敬稱	向他人謙稱
兒子(子媳)	兒子幾子媳婦	父、母	令郎公子	小兒犬子舍兒
女兒(丈夫)	女兒、女婿	父、母、岳父母	令愛令媛令婿	小女犬女小婿

稱呼對象	稱　呼	自　稱	他人敬稱	向他人謙稱
子之子(媳)	孫、孫媳	祖父(母)	令孫、令孫媳	舍孫舍媳
子之女(丈夫)	孫女、孫女婿	祖父(母)岳祖父(母)	令孫女令孫婿	舍孫女(婿)
兄弟之子(女)	侄(侄兒)侄女	伯父、叔父	令侄令侄女	舍侄舍侄女
兄弟之媳	侄媳	伯翁、叔翁	令侄媳	舍侄媳婦
兄弟之女婿	侄婿(侄女婿)	岳伯父、岳叔父	令侄婿	舍侄女婿
兄弟之孫	侄孫	伯祖父、叔祖	令侄孫	舍侄孫
兄弟之孫女	侄孫女	伯祖父、叔祖父	令侄孫女	舍侄孫女
兄弟之孫媳	侄孫妩	伯祖翁、叔祖翁	令侄孫媳	舍侄孫媳婦
兄弟之孫女婿	侄孫女婿	岳伯(岳叔)祖父	令侄孫女婿	舍侄孫女婿
姐妹之子	甥(外甥)	舅父(母舅)	令甥	舍外甥
姐妹之女	甥女(外甥女)	舅父(母舅)	令甥女	舍外甥女
姐妹之媳	甥媳(外甥媳)	舅父(母舅)	令甥媳	舍外甥媳
姐妹之女婿	外甥女婿	岳舅父	令甥女婿	舍甥女婿
姐妹之孫	外孫	舅祖父(舅爺爺)	令外孫	舍外孫
姐妹之孫女	外孫女	舅祖父(舅爺爺)	令孫女	舍外孫女
姐妹之孫媳	外孫媳	舅祖父(舅爺爺)	令外孫媳	舍外孫媳
堂兄弟之子	堂侄、堂侄兒	堂伯父、堂叔父	令堂侄	舍堂侄兒
堂兄弟之女	堂侄女	堂伯父、堂叔父	令堂侄女	舍堂侄女

稱呼對象	稱　呼	自　稱	他人敬稱	向他人謙稱
堂姐妹之子	堂甥(堂外甥)	堂舅父	令堂甥	舍堂外甥
堂姐妹之女	堂外甥女	堂舅父	令堂甥女	舍堂甥女
表兄弟之子	表侄(表侄兒)	表伯父、表叔	令表侄	舍表侄兒
表兄弟之女	表侄女	表伯父、表叔	令表侄女	舍表侄女
表姐妹之子	表外甥	表舅父	令表甥	舍表外甥
表姐妹之女	表外甥女	表舅父	令表甥女	舍表外甥女

十。非親屬稱謂

社交對象	稱　呼	自　稱
老師、老師妻子	老師(先生)、師母	學生
父母同事、朋友	世伯、伯伯、叔叔、阿姨	侄、侄女、後輩
同事朋友的父母親	世伯、叔叔、阿姨	侄、侄女、後輩
同事、朋友	仁兄、世兄、仁弟、朋友	兄、弟、姐、妹
同學	同學、同窗、學友、同硯	同學、同窗、學友、同硯
兒女的同事、朋友	侄、侄女	伯、伯母、叔、叔母
同事的兒女	侄、侄女	伯、伯母、叔、叔母

十一、喪禮守孝人稱謂

逝世者簡況	守孝人稱謂
父親去世母親猶在	孤子
母親去世父親猶在	哀子
父母均去世	孤哀子
父不在，父母去世	承重孫、承服孫、期服孫、
祖母在祖父去世	孤孫
祖父在祖母去世	哀孫
祖父母俱去世	哀孤孫

同胞兄弟去世	期服弟、期服兄
兄弟之妻去世	期服夫弟、兄
妻去世	杖其夫
父母在妻去世	期服夫
子去世	反服生（父自稱）
父母去世	降服子（指出繼子自稱）
父去世期年（周年）	常事子（孝子自稱）
父去世兩周年	祥事子（孝子自稱）
祖去世喪未除而父去世	在承制孤子（嫡孫自稱）　在齊期孤子（眾孫自稱）
父去世喪未險而祖去世	在制承重孫（嫡孫自稱）　在制齊期孫（眾孫自稱）
後母在而前母去世	前哀子
前母在後母去世	後哀子

居　喪	稱　　　　　　　　　　　　　　　謂
父去逝	先父、先嚴、先考、顯考、公、太公、大人、府君
母去逝	先母、先慈、先妣、母、氏、太夫人、老太、老太孺人、顯妣
同輩去逝	亡妻、喪偶、亡兄、亡妹、亡姐、、、、
	夫去逝：稱妻為寡、遺孀、喪偶. 妻去逝：稱夫

附錄四

彭祖養生術　　　正雄提供

　　彭祖養生之法，人秉天地正氣，五行秀毓以生。雖不得道妙，只要能保合太和，正性正命，養之得宜，常可活到 120 歲。若不受五運六氣之感傷，再能凝求養生之道，得 240 歲。如存神過化，返虛人渾，盡乎理，通乎玄，乃可不死。再積功累德，可冀成真耳。

　　養壽之道，「莫傷」。冬溫夏涼，春發秋斂，不失四時之和，為能適身；美色淑姿，幽閑娛樂，不致思欲之感，是為通神；車服威儀，知足無求，是為專一致志；八音五呃，愉悅視聽，是為導心。凡此種種，皆可養壽，倘不慎酌，反速禍殃。

　　古有「上士異室，中士異床，下士異被，服藥百顆，不如獨眠」。「五音使人耳聾，五色使人目盲」，其中道理，譬猶水火，人不可少，但用之過當，反足為害。不知經脈損傷，血氣不足，內裡空疏，腦髓不實，體已先病，致易為外物侵犯，將藉風寒酒色發作。內患不興，外侮不入，假若內本充實，豈有傷哉！

　　「遠思強記傷人，憂喜悲哀傷人，陰陽不順傷人。」「男女相成，猶如天地相生。天地得清寧之道，所以終極無限；倘人失氤氳之道，必有傷殘。若能得陰陽動靜，剛柔專翕之機，能避重傷之事，再君以無相回光，真空煉形，即是不死之道」。

彭祖攝養術

　　「神強者長生，氣強者易滅」。「神強畏威，鼓怒聘志；量

才而思，量力而行，不積憂悲，節制喜怒，明確愛憎，欲思有度」。十二忌：「久言笑則臟腑傷，久坐立則筋骨傷，寢寐失時則肝傷，動氣疲榮則脾傷，挽弓引弩則筋傷，沿高涉下則腎傷，沈醉嘔吐則肺傷，飽食偃臥則氣傷，驟馬步走則胃傷，喧呼詰罵則膽傷，陰陽不交則瘡痍生，房室不節則榮瘠發」。

　養生法，不遲睡，不驟行，耳不極聽，目不久視，坐不至疲，臥不及極。先寒而後衣，先熱而後解。不欲甚飢，飢則敗氣；食戒過多，勿極渴而飲，飲戒過深。食過則症塊成矣，飲過則痰癖結聚氣風。不欲甚勞，不欲甚逸，勿出汗，勿醉中驟奔，勿飽食走馬。勿多語，勿生餐，勿強食肥鮮，勿沐發後露頭。冬不欲極溫，夏不欲極涼，冬極溫而春有狂疫，夏極涼而秋有瘧痢。勿露臥星月之下，勿飢臨屍骸之前，勿睡中搖扇，勿食次露頭，勿沖大熱而飲冷水，勿凌盛寒而逼炎爐。勿沐浴後而迎猛風。勿汗出甚而便解衣，勿沖熱而便用冷水淋身。勿對日月及南北斗大小便。勿于星辰下露體，勿沖霜霧及嵐氣，此皆損傷臟腑，敗其神魄，五味不得偏耽，酸多傷脾，苦多傷胃，辛多傷肝，甘多傷腎，鹹多傷心此並應於五行，潛稟四體，可理可究矣。志士君子，深可慎焉！犯之必便損，久乃積成衰敗。

　「神仙傳、彭祖」，述彭祖養性之法曰：「已人道當食甘旨，服輕麗，通陰陽，外觀秩耳。骨節堅強，顏色和澤，老而不衰，長在世間，寒溫風濕不能傷，鬼神眾精莫敢犯，五兵百蟲不敢近，嗔喜毀譽不為累，乃可為貴耳。人受氣雖不知方術，但養之得宜，常至百二十歲，不及此者傷也；小復曉道可得二百四十歲，加之可至四百八十歲。盡其理者可以不死。」因之做彭祖攝養術，牢記謹慎，不可大意，陶冶性情，旺神宣氣，可得攝精神矣。

彭祖導引術

　　彭祖精擅導引行氣，開中華氣功之先河，彭祖益壽功，是彭城彭氏族人後代密傳的健身氣功。全功法共十式，每式廿四個動作，暗合廿四個節氣。導引行氣，「應四時，運五氣，避六淫，克七情」。持之以恆，可收到防病治病，健康長壽的功效。

　　導引又稱道引，為中國古老醫療體育和養生方法。導引術是適應當時社會環境需要而產生的。據「呂氏春秋。古樂」記載：「昔陶唐氏之始，陰多滯伏而湛積，水道擁塞，不行其原，民氣郁淤而滯著，筋骨瑟縮不達，故作舞以宣導之」。「索向。異支方宣論」亦述：「中央者，其地平以濕，天地所以生成萬物也眾，其民食雜而不勞，故其病多痿厥寒熱，其治宜導引按蹻者，亦眾中央出也」。王冰注曰：「導引謂搖筋骨，動支節，按謂抑按皮肉，蹻謂捷舉手足」。即是說，導引包括軀體運動、呼吸、和按摩三個部份。李頤注「庄子。刻意」：「此道引之士，養形之人，彭祖壽考者之所好也」。句曰：「導氣令和，引體令柔」。彭祖導引術中之一種，影響較大，春秋戰國時期成為流行的治病保健和養生方法。彭祖導引術分、坐臥引兩種。

一、彭祖坐引法

　　令人目明，發黑不白，治頭風。「導引服，解發，東向坐，握固、不息、一通；舉手，左右導引，以手掩兩耳，以指捐兩脈邊，五通」。彭祖臥引法，又稱彭祖谷仙臥引法：須半夜至雞鳴平旦為之，禁飽食，沐浴。作用：除百病，為延年益壽要術。其法凡十節，五十息，五通，共二百五息。「道藏」盡字三號有「彭祖谷仙臥引法」，「古仙導引按摩法」書中亦有「彭

祖導引法」，二者大體相同，文字略有出入。據「彭祖谷仙臥引法」，十節為：

（一）解衣被，臥，伸腰，填小腹，五息，止。引腎，去消渴，利陰陽。

（二）伸左腳，屈右膝，內壓之，五息，止。引脾，去心腹寒熱，胸腹邪脹。

（三）挽兩趾，五息，止。引腹中，去疝瘕，利九竅。

（四）仰兩足趾，五息，止。引腰脊痺，偏枯，令人耳聲。

（五）兩足內相向，五息，止。引心肺，去咳逆之氣。

（六）踵內相向，五息，止。短股除五絡之氣，利腸胃，去邪氣。

（七）掩左脛，屈右膝，內壓之，五息，止。引肺，去風虛，令人明目。

（八）張脛兩足趾號，五息，止。令人不轉筋。

（九）兩手牽膝，置心上，五息，止。愈腰疼。

（十）外轉兩足，十通；內轉兩足，十通，止。復諸勞。

凡十節，五十息，五五二百五十息，欲導引，常夜半至雞鳴平坦為之，禁飽食沐浴。

二、服氣導引行氣

彭祖是醫學專家，「耳不可瞻，目不可壓，口不可滿，身盡府種，筋骨沉滯，血脈壅塞，九竅寥寥，曲失其宜，雖有彭祖，猶不能為也」。彭祖發明吐納服氣療法，是中國原始的養身醫病方法。葛洪「神仙傳，彭祖」述彭祖言：「次有服氣得其道，則邪氣不得入，治身之本要」。「人受精養體，服氣煉形，則萬神自守其真，不然者，則榮衛枯悴，萬神自逝，悲思所留者也」。其法大致為閉氣，服氣，導引閉氣，以氣攻病四個步驟。梁代陶弘景「養性延命錄，服氣療病篇」。

　　彭祖曰：「常閉氣納息，從平旦至日中，乃跪坐，拭目，摩搦身體，舐唇咽唾，服氣數十，乃起行言笑。其偶有疲倦不安，便導引閉氣，以攻所患，必存其身、頭、面、九竅、五藏、四肢、至于髮端，皆令所在覺其氣運行體中，起于鼻口，下達十指末，則澄和其神，不須針藥炙刺。凡行氣欲解百病，隨所在作念之。頭痛念頭，足痛念足，和氣往攻之，從時至時，便自消矣。時你中冷，可閉氣取汗，汗出輒周身則解矣」。導引閉氣以攻所患的氣功療法，沿襲至今。

　　彭祖所說的服氣，是中國最早的辟谷術。辟谷，亦稱斷谷。絕谷，即不食五穀的意思，這是我國古代一種修養方法。辟谷時，仍食藥物，並須兼做導引等功。以後，辟谷成為道教修練方法之一。其理論根據：人體中有一種叫做三尸或三彭，三蟲的邪怪，靠五穀而生。危害人體，經過辟谷修，可除去三尸，達到長生不死。不過彭祖服氣，主要還是療病。

　　彭祖服氣術，即氣功療病術，是從大氣，日光中吸取營養的辦法。漢代古醫書「引書」亦載彭祖之道：「春日早起之後，弁水，澡漱，洒齒，泃，被髮，游堂下，逆露之清，受天之精，飲水一杯，所以益讎也」。所說「逆露之清，受天之精」，亦類于服氣也。辟谷服氣之法，；應來自各種動物。清代徐俊所輯「宋人小說類編」有「辟谷說」：『洛下有洞穴，深不可測。有人墮其中，不能出，飢甚，見龜蛇無數，每旦輒引東望，吸取日光咽之，其人亦隨其所向，效之不已，遂不復飢，身輕力強，後卒還家，不食，不知其所終』。

　　「庄子。刻意」載：吹噓呼吸，吐故納新，熊經鳥伸，為壽而已。此導引之士，養形之人，彭祖壽考者之所好也。彭祖長導引有三：一是長壽養生導引，次是長壽養療導引，三是彭祖壽仙導引。

長壽養生導引

第一個招式：「彭祖站桩」

具有平衡人體陰陽，幫助人入靜入定，使人氣血脈流通，內氣充盈，精力充沛，利於修練者吸納天地之精氣，練習發放外氣和排泄體內邪濁病氣。正如「內經」云：陰平陽秘，精神乃治。動為陽，靜為陰，調節動靜，平衡陰陽即達到治病的目的。彭祖站桩分高位桩、中位桩、低位桩三種態，根據修練者身體虛弱，年齡大小，可作不同選擇。

一、高位桩：亦即無極桩，雙腳自然站立，與肩同寬，腳膝微屈，膝蓋與腳尖對齊，臀部略下坐，尾閭穴與腳跟對齊。百會穴、會陰穴、湧泉穴三點意成一線。含胸拔背，垂肩墜肘。頭顱豎立，下頷微收，眼帘微垂，口唇輕閉，舌抵上腭。十指微微伸展，雙手曲肘平伸，手心向前。全身放鬆，目光凝視，面帶微笑，自然呼吸。逐步把呼吸調到最深、細、勻、長、呈「吐惟細細，納惟綿綿」的狀態。心中則意面對太陽或月亮，全身放鬆，進入真境。

二、中位桩：亦與高位桩相同，只是腳膝要更加彎曲，約呈 120 度。

三、低位桩：又稱馬步桩。雙下肢彎呈 90 度雙手鬆直平舉，五指向，上掌心向前，勞宮穴向外向前，其他與高位桩相同。採取自然呼吸法，稍比平常呼吸加深。吸氣時收小腹，意念宇宙間的氣通過你的呼吸道和全身的毛細孔吸進體內，沉入下丹田。呼氣時，鼓小腹，意念劍指和勞宮穴變成呼吸道，氣從兒排出去。

第二個招式：「鴿鵬展翅」

雙腳分開站立，全身自然放鬆。雙手臂從左右兩側徐徐抬

起，與肩相平。然後雙腳膝微曲下蹲，隻手臂順勢作仙鴿展翅狀，手臂與手掌、手指乃至全身冗肉呈自然柔和的起伏飛翔狀態。目光平視，自然呼吸，飛翔擺動 6-36 次不等。

第三個招式：「黑熊晃身」

雙腳分開與肩同寬，雙手腕放鬆，掌心及手指下垂呈熊的搭爪樣。手臂抬至胸前，腋窩稍稍挾緊。扭動腰肢時單下肢微曲，左右交替，呈笨熊行進狀。動作反復一分鐘，雙目微閉，自然呼吸，不要跨出腳步，只原地作左右扭擺運動，把脊背充分活躍起來。

第四個招式：「古松迎客」

雙腳平行站立，與肩同寬，胸部、頭部豎直，雙目微閉。左手在前，掌心對著中丹田，右手在後，掌心對著門穴。分別作一張一合的撈氣動作 6-12 次，然後雙手交換再作 6-12 次，之後身體適度放鬆，意念完全處在蒼松翠柏樹林中，自己也化作了松柏同類。

第五個招式：「貨郎擊鼓」

右腿向右橫跨一大步，身體右轉呈弓箭步，右手向右前方斜上伸直，左手向左下方斜下伸直，雙手臂成一條直線，五指張開作貨郎搖鈴顫動，一分鐘後左轉身，呈左弓箭步作同樣動作。雙手伸直成一條直線時猶如挑擔百貨走村串鄉。行在山野美景之中。

第六個招式：「托天按地」

左腳向左橫跨一步，曲膝下蹲呈馬步，右手從下至上抬起，手心朝天，抬至目光相平齊，左手從腰胯劃弧狀與右手交义而向下按，與小腹齊平，手心向地，然後隻手反復來回作按、托姿勢。但應注意雙手作按、托交替時，上牝的手在外，下按的手在內。

第七個招式：「甘露灌頂」

雙腳站立與肩同寬，雙手慢慢舉過頭頂，手掌心向內，雙掌心與頭頂距離 20 厘米左右，兩勞宮穴焦點正對百會穴，以氣照百會，然後雙手慢慢從上至下運動，直至自然伸直。如此反復 9-36 次，做到頭正、腰直、眼帘微垂、下頜微收、面帶笑容。

第八個招式：「懷中抱月」

雙腳自然站立，左腳向左跨出半步，屈膝微下坐，雙手從腰胯間慢慢抬起，雙手臂內彎呈弧形，雙手掌形如抱球狀，隻手由外向內縮，將所抱之球緊貼胸前，用目光凝視胸前所抱之球。雙手再反復拉氣壓氣，然後揉球送入中丹田再注入下丹田。

第九個招式：「氣照三田」

雙腳等寬於肩，平行站立，雙手從兩側腰間向外劃弧上舉至前額，用掌心先照上丹田，掌心離額 10-15 厘米，兩勞宮穴焦點集中在印堂穴。待上丹田部位得氣後，雙手掌下移，照中丹田。兩勞宮穴集距正對膻中穴。待中丹田部位得氣後，雙手掌繼續下移，照至下丹田。兩勞宮穴焦距正對關元穴。待下丹田得氣後，雙手由內向外劃弧，自然將雙手掌運行至前額處，反復照上丹田，重復 3-9 次，最後雙手交叉置於下丹田。

第十個招式：「結束式」

雙腳站立，身體伸直，輕鬆自然，雙手伸展向上過頭頂，然後手心向下，指尖相對，從上到下，導氣入下丹田，雙手撫著下丹田，男子左手在內，右手在外，女子相反，意念氣沉下丹田，結束。

長壽養療導引

彭祖長壽養療導引，由行氣祛病大法，吐納祛病大法，和

靜坐祛病大法，三部份組成：

一、行氣祛大法

戰國初期的「行氣玉佩銘」共 45 個字，刻在一個几面體的小玉柱上：「行氣，深則蓄，蓄則伸，伸則下，下則定，定則固，固則萌，萌則長，長則退，退則天。天几春在上，地几春在下。順則生，逆則死。」

吸天精：雙腳略寬於肩，雙手向下收回，經側面部、頸部、胸部、腹部，逐漸下隆。收手時指尖相對，做導氣下行狀，同時微微呼氣。默想「蓄則伸，伸則下」。

定心猿：雙手下伸，手指微張，手心向地，雙腳穩步站立，身體全然不動，呼吸進入閉息狀態，默想「下則定，定則固」。

坤幼萌：緊接前式，身體從全然放鬆的忘我狀態開始甦醒，雙手翻掌，從外向內，手心朝上，五指微張。在翻掌時停止閉息狀態，慢慢吸氣。默想「固則萌」。

地氣蒸：緊接前式，雙手曲肘，手掌慢慢上行至中丹田，配合微微吸氣，不能吸得太深太滿。默想「萌則長」。

飛天升：接前式，雙手掌自中丹田往上托，直至伸直雙背，與地面呈 45 度，復原至吸天精位置。默想「長則退，退則天」。

二、吐納祛病大法

吐，呼出體內廢氣；納，吸進外界新鮮空氣。有如下諸方法：

胸息法：自然呼吸，採取站、坐、臥、行各種姿勢均可。
　　　　把呼吸調得深、細、勻、長。

腹息法：一是順腹式呼吸，吸氣時腹部自然凸起，呼氣時
　　　　腹部自然凹陷。二是逆腹式呼吸，與順腹式呼吸
　　　　方法的腹肌運動正好相反。

體息法：呼吸通過毛細血管交換身體內外的氣。練習體呼
　　　　吸有兩個關鍵，一是「閉息」，逐漸減緩減少鼻
　　　　竅對空氣的吸入量，二是以意領氣，加入體呼吸
　　　　意念，把全身毛細打開，讓外界之氣大量進入。
　　　　毫無疑問，這需要一個漸進適應的過程。

胎息法：是一種較高的吐納層次，仿胎兒在腹中吸息的方
　　　　式，僅憑臍中一息以供養全身。胎息法的修練，
　　　　是在鼻息微微，若有若無，氣功修練已到一定火
　　　　候的情況下進行的。選取清靜地方，正身偃臥，
　　　　雙目瞑閉，澄神靜慮，無私無營，從胸息、腹息、
　　　　體息，逐步加深，順其自然，在鼻息若有若無之
　　　　時，可領入氣，讓氣神相抱，直貫臍中。

龜息法：氣功仿生的一種，在於使氣息潛沉，降至「真淵」。
　　　　這「真淵」就是男女生殖或尾閭處。龜息法是以
　　　　意領氣入精關，入尾閭，以利於尾閭的氣血運行。

踵息法：「庄子。大宗師」云：『古之真人其息深深，真
　　　　人之息以踵，眾人之息以喉。』說明踵是一種相
　　　　當高級的功法層次。「性命圭旨」曰：『踵者，
　　　　真息深深之意』。龜息僅領氣入精關，踵息領氣
　　　　直達足跟。足跟可為全身肢節末端之最，氣血運
　　　　行之邊緣，若足跟得氣，全身均可得氣。練踵息
　　　　可使真氣至全身，使人容光煥發，永保青春年華。

三、靜坐祛病大法

　　靜坐以盤坐姿態為佳，盤坐分散盤坐、單盤坐、雙盤坐三種姿式。散盤坐又叫自然坐、駕馬式坐，人們常用的自然盤腿方式，兩腿相互交叉自由盤腿而坐。單盤坐又叫單跏趺坐，把一腿屈膝在另一腿之上，放在上面的那一條腿的腳心要朝上。雙盤坐又叫跏趺坐，兩腿交叉，兩腳掌分別放在對側大腿之上，腳心微朝上，小腿相互盤趺。靜坐祛病大法掌握三調、三觀、三定、三忘。

　　三調：一是調身，使身體坐姿適應修練，二是調心，使心神寧靜，意志專一，進入恬靜虛無狀態，三是調息，一呼一吸的狀態調至息相，直到進入深、細、勻、長，猶如蠶吐絲一般輕綿長。

　　三觀：一是觀天象，分為日月觀、甘露觀、仙人觀，目的是使修練者心懷美好物象；二是觀地，分為泰山觀、海潮觀、花叢觀，目的是使修練者處在美好境界之中；三是觀人生，分為心照觀、普照觀、童子觀，使人返現心境，澄沏透明，讓生機潑潑的童年心態回復心中。

　　三定：一是定心，讓心系一緣，解除一切散亂，心無所需，心無所慮，心無所求，心就是心；二是定形，使身體穩定，堅如磐石，穩如泰山，風吃不動，雷打不歪；三是定神，神是精與氣的綜合物，表現於人的顏貌色澤，肌肉骨骼，體態氣質等方面，所謂定神，就是要定精、氣、定身體所表現的一切。實際上，它是定心、定形基礎上的進一步的加深和完善。心定可制散亂，形定可制歪邪，神定可制昏沉。

　　三忘：一是忘我，在進入神定之後，全然不知返觀者是你

的真身，還是靜坐者是你的真身。對自己的身體似乎已無知覺，只有一個念條在那裡修練；二是忘他，在忘我基礎上的進一步加深，達到「內觀其心，心無其心，外觀其形，形無其形」的境界；三是忘一切，在忘他基礎上繼續坐忘下去，便覺得上下四方空無一物，什麼都不存在。

　　三調、三觀、三定、三忘四大層次，是彭祖及其信徒老子、庄子等人的靜坐修練法和歷代道、佛、醫、儒坐功修練法的必需境界，無疑是一門幫助人們調理身心、平衡陰陽、強健的長壽導引功法。

附錄五

彭祖膳食術 正雄提供

中國烹飪風味獨特，菜系林立，向以博大精深而名揚海內外。溯其源，則無不尊奉彭祖為師。是彭祖以其精湛的廚藝，開中華烹調五味之門，傳廚行燹陣八法之技。彭祖長壽宴是集中了彭祖菜系中食療，食補名菜的精華，由烹飪大師精心烹製而成。歷代美食家和營養師均盛譽：品嘗彭祖長壽宴，即可領略其味美無窮的魅力，又可收食補、食療益壽之功效。

羊方藏魚

這道菜因將魚置於割開的大塊羊肉之中同炖，稱此得名。羊方藏魚系彭城古典菜，始于彭祖。此菜世代相傳，已有四千年歷史。

主料： 鮮羊肉(肋方)一千克，鯽魚一條六百克。

配料： 熟火腿五十克，香菇四片，青菜莢兩棵，莆菜頭四十克。

輔料： 煮羊肉原湯一千三百克。

調料： 食鹽五克，薑鹽汁四十克，料酒十克，花椒四十粒，大茴兩朵，桂皮十二克，老薑十二片，白酒少許。

製作： 1、先將羊肉煮至斷生，四面修齊，再從側面用平刀推進一洞，用薑鹽汁（二十克）抹擦均勻，稍腌。再把鯽魚刮鱗去內臟洗淨，剔除骨翅，魚肉片成大片薑鹽汁(二十克)拌勻，稍腌(魚骨備用)待用。

2、把腌製過的鯽魚片填入羊肉洞中，舖平後用竹

籤封口。火腿蒸熟切片，蒲菜切斷，香菇去梗，與青菜一起焯水待用。

3、火上置鍋，倒入原湯六百克，放入錢骨，大火燒煮約五分鐘，見湯呈白色，撈出魚骨，把湯另倒一處。稍停，倒入石沙少鍋中(瀝淨底渣)。再把羊肉放入砂鍋中，使湯浸過羊肉，同時下食鹽，白酒，老薑，桔皮，花椒，無茴(後面四種香料裝紗袋中)。大火燒開，揭去淨沫。移文火溫炖(在炖的過程中酌情適量加湯)。至酥爛為度，拿出香料袋，配上青菜，蒲菜頭，火腿片，香菇，溜進白酒，起鍋即成。

特點：　原汁原味，滋味濃醇。

技法：　屬清純，味道以鮮為主，一般用于高尚莛蓆。除用砂鍋上桌外，亦可有湯，四季皆宜。

以上製作屬傳統法，今法多是把魚肉藏羊肉下面蒸，將魚頭魚尾分別置於羊肉上下，以表羊肉中有魚。加上作料，不僅味道鮮美，而且形狀美觀，更勝一籌。另有魚腹中抱羊塊的燒法，與爆少魚羊肉法，另有一番風味。不過這均出自「羊方藏魚」的變化。

麋角雞

麋角即麋鹿(俗稱四不像)頭上的角。據「列仙傳」"彭祖善和滋味，好恬靜，惟以養神治生為事，並服麋角，水晶，雲母粉，常有少容"。李時珍「本草目綱」記載："彭祖的食療養生術"，被先秦道家繼承，傳至清朝廚師劉勤膳並有發展，本世紀初，徐州玄觀，真武觀中的道士與城隍廟的當家，都奉彭祖食療菜為養生佳品，地方豪紳也紛紛仿效。

主料：　鹿茸四克，母雞一千三百克。

配料：　鮮豬肋肉一百克，香菇六片，菜心四棵。

輔料：　鮮湯一千五百克。

調料：　陳皮四克，花椒四十粒，大蔥白四段，老薑四片，
　　　　食鹽四克，料酒十克。

製作：1、先將母雞燙過，退淨毛，去嘴爪老皮，從左肋
　　　　下開刀，除去內臟洗淨，剁去爪，剔去管丁骨
　　　　與腿骨，經沸水焯過清洗乾淨。香菇菜莢，均
　　　　經沸水焯過待用。

　　　2、把鹿茸洗淨，豬肋肉切條，從雞左肋填入腹中，
　　　　放入陳皮，花椒，大蔥，老薑，與雞同放砂鍋
　　　　中，傾入鮮湯，大火燒開，小火溫至酥爛，再
　　　　放入食鹽，料酒，香菇，菜莢，整形离火，檢
　　　　去料袋，原鍋上卓即成。

特點：　營養豐富，醫食兼優，具有溫腎壯陽，生精
　　　　補血，補髓健骨，壯氣大補之功效。

雉　羹　(天下第一羹又名野雞湯)

雉羹亦稱野雞湯。當時的烹飪技始者彭鏗，為帝堯制此
羹，開闢了中國烹飪之道，對後世產生深遠影響。屈原「天問」
詩句："彭鏗斟雉帝何　"。據將雉羹載入史冊。因此羹源于
上古，補譽為"天下第一羹"。據「扈從賜游記」說，清朝皇
帝每年"秋獮大典"，都要在澹泊城殿物特賜王公大臣"野羹
至今年內仍是高級筵席上的珍饈美味。

原料：

配料：　水發香菇三十克，熟爆腌肉四十克，青菜心三十
　　　　克。

佐料：　黃蛋糕兩片

輔料：　食鹽六克，白胡椒二十克，蔥薑汁三十克，料酒

十克。

製作：1、先將野雞宰殺退毛，除去內臟清洗乾淨，放沸
　　　　水鍋中盪透撈出洗淨。另用砂鍋著精湯二千
　　　　克，放入野雞小火　至爛撈出。再把野雞撈出
　　　　剔去骨，隨即撕成絲，復下鍋中待用。

　　　2、把稷米淘淨放入砂鍋中，與野雞同熬，再下精
　　　　湯五百克，同進放入食鹽，胡椒粉，蔥薑汁，
　　　　文火熬至雞酥，大火收汁，米爛滋出汁濃時，
　　　　再把爆醃肉，香菇，青菜心切絲分擺上面，澆
　　　　入料酒，另把黃蛋糕刻“雉羹”二字，放入砂
　　　　鍋居中，原鍋上桌即成。

特點：　滋味濃郁，鮮香宜人。

此菜做法是因循古法，如今因雉、稷購之不易，改用母雞
與薏苡米熬製，亦不減古法，別有一番風味。

雲母羹

雲母羹為彭祖食寮之一，雲母族礦物的總稱，商業上多稱
「千里紙」，工業上用途廣泛，其中雲母石可供藥用。雲母羹
即選取白雲石為主要原料，配以薏苡米同熬成羹，故此得名。

原料：主料，雲母粉二十克，薏苡米六十克，鮮豬肉九十
　　　克。

輔料：　鮮湯二千克，熟芝麻粉五十克。

調節器料：　薑汁二十克，食鹽三克。

製作：1、先將薏苡米檢淨雜物洗淨，放沸水鍋中焯過，
　　　　鮮肉洗淨切成丁，也經沸水焯過待用。

　　　2、把薏苡米、雲母粉、鮮肉丁、芝麻粉、薑汁同
　　　　時放入砂鍋中，傾入鮮湯，大火燒開，小火熬
　　　　至湯汁滋濃味厚時，著食鹽。原鍋(台盛於品鍋

中)上桌即成。

特點：　　滋濃味鮮，清香醇郁。具有下氣，補中，止血，虛損及開胃等功效。

天下第一羹

原料：　　野雞一隻一千五百克，花椒，八角，三奈，葱，蒜。

製法：　　將野雞去，洗內臟切塊。將花椒，八角，三奈，醬油與野雞倒入油中翻炒至金黃色，加入清水煮沸，再放入葱，薑，蒜，改用熰水煨三小時，然後放少許味精，即可食用。

功效：　　主治陰虛火旺，房室虛虧，陰陽失謌。冬筍燒肉

原料：　　冬筍二〇〇克，肉湯三〇克，料酒、白糖。醬油、味精、豬油。

製作：1、豬肉切塊，冬筍剝皮切塊。燒開水，冬筍下鍋燙一下撈起。

2、燒熱油鍋，肉塊下鍋翻炒，加入料酒、白糖、肉湯等炒勻，移至熰火上，蓋上鍋蓋燜煮。

3、另用鍋炒一下冬筍，加入肉鍋中與肉攪和，加蓋燜至肉和筍將酥時加上味精即成。

功效：　　益氣補血清肺化痰，用於治療體弱，手術後調養以及慢性氣管炎咳嗽濃痰，急性氣管炎痰中帶，血肺結核等患者。

章魚燜豬肉

原料：　　新鮮章魚三〇〇克，豬肉二五〇克，生薑二片，生油，白糖，葱，豬油，料酒，精鹽，胡椒。

製作：1、將章魚先洗乾淨，去衣、眼，放入沸水中燙一下，用清水洗淨，切成幾塊，瀝乾水；豬肉切

　　　　成三厘米見方小塊，放入鍋中，用清水燒沸後
　　　　撈起，用溫水洗淨瀝乾水。

　　2、燒熱鍋，用油滑鍋，加入豬肉、生薑、蔥爆香，
　　　　投人豬肉、放生油，料酒炒幾下，倒入清水五
　　　　○○克及章魚，加入鹽，糖煮沸後改用燜火，
　　　　使之保持微沸，約煮一個半小時，待收湯後裝
　　　　入碗中，撒上胡椒粉即可。

功效：　養血益氣，收斂生機，民間多用來通乳。

枸杞腎粥

原料：枸杞葉半斤(或枸杞子一兩)，羊腎一只，羊肉二兩，
　　　蔥三莖，食鹽少許，梗米二至三兩。

製法：1、將新鮮羊腎剖開洗乾淨，去內膜，切細，再把
　　　　羊肉洗乾淨切碎。

　　2、用枸杞子與羊腎、羊肉、梗米、蔥白同煲(枸杞
　　　　葉則先煮葉，去渣，與羊腎、羊肉、蔥白、梗
　　　　米同煮)。

　　3、煮成粥後，加少許食鹽即可。

功效：　補腎氣，壯元陽。

黃芪牛肉

原料：　牛肉七五○克，黃芪二○克，陳皮六○克，各種
　　　　調料。

製法：1、牛肉切塊後放入沸水中透血水。

　　2、鍋置火上，加入菜油，油至七成熱時，放入牛
　　　　肉炸三分鐘，撈起肉塊，鍋中留適量油。

　　3、下薑、花椒、豆瓣炒出香味，放醬油、鹽、料
　　　　酒、清水約一五○○毫升。再將黃芪、陳皮、
　　　　牛肉大火上燒開，打去浮沫，改用燜火煮三小

時即可。

功效：　健脾、益胃、補氣、養血。

海參煲大腸

原料：　海參三〇克，木耳三〇克，豬大腸一五〇克。

製法：　將豬大腸洗乾淨，切成小段，放入鍋內。鍋內加水發海參、木耳、加適量清水同煮。煮爛後加食鹽味精，調味取食。

功效：　滋陰，　潤噪，補血，對老年人性、便秘，習慣性便秘頗具療效。

雀肉粥

原料：　麻雀五隻，菟絲子二〇至三〇克，覆盆子一〇至十五克，枸杞子二〇至三〇克，梗米六三克，精鹽少許，蔥白二根，牛薑三片。

製法：　將梗，米麻雀肉，菟絲子，枸杞，覆盆子置入鍋肉，右水量煮沸後改用熼火，煨熟即可食用。

功效：　主治陽萎，早泄，婦女陰冷帶下。

泥鰍蝦肉湯

原料：　泥鰍二五〇克，鮮蝦肉一五〇克，味精，蔥，薑適量。

製法：　將泥鰍訰腹洗乾淨，切片，與新鮮蝦肉放入水中煮至半熟。加入調味料，用熼火煨玉湯濃即可食用。

功用：　主治陽萎，滑精。

雙鞭壯陽湯

原料：　牛鞭、狗鞭各一具，羊肉半斤，母鴨肉半斤，菟絲子，肉苁蓉，枸杞子，花椒，生薑，料酒。

製法：　先將牛鞭發漲去皮，剖皮漂淨。再將狗鞭用油炒
　　　　酥，加料酒，然後加水煮沸。將牛鞭羊肉入水，
　　　　用煴火煨煮二小時，即可食用。

功效：　大補元陽。

韭菜炒鮮蝦

原料：　韭菜二〇〇克，新鮮蝦一二五克，鹽，味精。

製法：　韭菜洗乾淨切成三厘米長左右，鮮蝦去殼摘足，
　　　　在鍋中放適菜油，將蝦放入鍋中炒至金黃色，再
　　　　加入韭菜、鹽，繼續炒至熟，加味精，欠粉，收
　　　　叶即可食用。

功效：　補腎壯陽，益精，固精。

仙山靈芝

原料：　靈芝五〇〇克，野鴨一千克，香菇二五〇克，精
　　　　鹽，味精，料酒等。

製法：　野鴨去毛，清理內臟切塊。將油置入鍋內燒熱，
　　　　放入鴨塊、鹽，翻炒至金黃色，然後加水和香菇
　　　　一起煮三個小時，加味精即可食用。

功效：　滋陰壯陽，益腎強身。

附錄六

中國全民民主統一會會章

中華民國七十九年元月廿一日在台北市國軍英雄館
成立大會通過，同年二月七日第一屆執行委員會依
據成立大會授權修正

中華民國八十一年十一月十九日在台北市中山堂光
復廳第二次全國會員代表大會第二次修正

中華民國八十二年十月二十九日在中山堂第三次全
國會員代表大會第三次修正

中華民國八十五年十一月十二日在台北市仁愛路空
軍活動中心第四次全國會員代表大會第四次修正

中華民國八十九年九月二日在台北市八德路三段二
十號十一樓華新餐廳第五次全國會員代表大會
第五次修正

中華民國一〇五年元月十日第八屆會員代表大會修
第二十條（增列第二項）

中華民國一〇六年二月二十六日第八屆第二次會員
代表大會修第十二條

第一章　總　綱

第　一　條：本會定名為「中國全民民主統一會」，簡稱「全統
　　　　　　會」

第　二　條：本會以促進和平統一中國，及實行三民主義全民民
　　　　　　主為宗旨，反對一切有害中華民族生存發展的意識、
　　　　　　政策及制度。

第　三　條：本會依據中華民國人民團體組織法成立之政治團體、并為超黨派之組織。

第　四　條：本會採全民路線，結合海內外各地區、各職業、各階層愛國之人士，為全民之利益共同奮鬥。

第　五　條：本會以民主為基制，凡會議、選舉、及經決定之事項，共同遵守，徹底執行。

第　六　條：本會之領導方式為：

　　　　一、以宗旨結合會員，以服務代替領導。

　　　　二、以政策凝聚群眾，以情感強固組織。

第　七　條：本會會徽與會歌，由本會執行委員會訂定之。

第　八　條：本會會址設於中華民國中央政府所在地。

第二章　會　員

第　九　條：凡服膺孫中山先生之遺教及蔣中正先生遺訓而志願遵守本會會章者，均得申請加入本會為會員，入會辦法由本會執行委員會訂定之。

第　十　條：會員有左列之義務：

　　　　一、宣揚與實踐本會宗旨。

　　　　二、忠誠執行本會任務及參與活動。

　　　　三、嚴守本會一切機密。

　　　　四、聯繫民眾，服務民眾。

　　　　五、介紹優秀人士入會。

　　　　六、繳納會費。

第十一條：會員有左列之權利

　　　　一、在會內會議上，有發言權、提案權及表決權。

　　　　二、在會內有選舉權、被選舉權及罷免權。

　　　　三、有向本會請求支援其參政之權。

四、有向本會各級組織直接反映民意見及提出檢舉之權。

五、有向本會請求維護其正當合法權益之權。

六、個人遭遇急難時，有向本會請求協助解決之權。

第十二條：本會會員，概以個別入會為原則，但不排贊同第九條規定之團體入會。

第十三條：會員有退會之自由，會員退會應以書面向所屬層級組織提出，所屬層級組織應就申請退會案件妥善處理後，遂級函報本會核備。

第三章　組　織

第十四條：本會組織體系及權職如左：

一、總會：會員大會或代表大會、閉會期間為本會執行委員會。

二、分會：省、市、縣《直轄市）級會員大會或代表大會、閉會期間，為分會執行委員會。

三、各級組織不得以組織名義加入其他人民團體或社團。

第十五條：海外及大陸地區設置組織比照前條原則之規定辦理。

第十六條：本會以外之機關團體中，凡有本會會員五人以上者，得設立會外小組，由本會直接領導或指定相關組織領導之。

第四章　精神領袖

第十七條：本會遵奉國父孫中山先生為精神總理。

第十八條：本會尊奉繼續國父遺志領導國家逾五十年之蔣中正

先生為精神總裁。

第五章　會　長

第十九條：本會設會長，由全國會員代表大會選舉之，綜攬全
　　　　　會會務，並為全國代表大會，本會執行委員會及其
　　　　　常務委員會主席，對外代表本會。會長任期三年，
　　　　　連選得連任之。

第二十條：本會設副會長一至四人，襄助會長分理會務。副會
　　　　　長由會長推荐，經本會代表大會通過任聘之，其任
　　　　　期與會長同。會長出缺或因故不能視事，依次由副
　　　　　會長代理至會長原有任期屆滿或恢復視事時為止。
　　　　　本會必要時得設執行長一人，襄助會長貫徹本會宗
　　　　　旨；其產生方式與副會長同。

第廿一條：本會設有名譽會長、名譽副會長由本會會長或執監委
　　　　　員三分之一以上之推荐，提經代表大會通過禮聘之。

第六章　評議委員會

第廿二條：本會設評議委員會主席及評議委員若干人，以上人
　　　　　選均由會長推荐，提經代表大會通過後禮聘之。任
　　　　　期三年，并得續聘。評議委員會每年集會一至二
　　　　　次，由本會召集，評委會主席主持之。本會會長、
　　　　　副會長參加，各業務主管列席，有關會務之推行及
　　　　　興革，應尊重評議委員之宏識與卓見。

第七章　本　會

第廿三條：全國會員代表大會每三年舉行一次，必要時得舉行
　　　　　臨時會員祕表）大會，由本會會長召集之。如有四
　　　　　分之一以上會員代表連署，請求召開時，會長應即

召集。但延期不超過一年。

第廿四條：本會會員（代表）大會之職權及會員代表名額、任
　　　　　期、選任及解任，規定如左：

　　　　　一、會員代表大會名額暨選、解任辦法如左：

　　　　　　　㈠會員代表由分會就現有會員中推選產生，其名
　　　　　　　　額由本會視分會會員數訂定之。

　　　　　　　㈡會員代表任期三年，任期屆滿後自然解任，必
　　　　　　　　要時得延長至召開下一屆會員代表大會為止。

　　　　　二、會員代表大會職權如左：

　　　　　　　㈠修改會章。

　　　　　　　㈡決定本會階段性政治任務。

　　　　　　　㈢審議本會執行委員會工作報告及預決算。

　　　　　　　㈣選舉罷免會長。

　　　　　　　㈤選舉本會執行委員會委員及監察委員會委員。

第廿五條：執行委員會由本會會員（代表）大會選舉廿七人至
　　　　　卅五人組成，并得選舉九至十二人為候補委員，任
　　　　　期三年，連選得連任。

　　　　　執行委員互選九至十一人為常務執行委員，組成常
　　　　　務執行委員會。

　　　　　常務委員會原則上每月開會一次。

　　　　　執行委員會至少每六個月開會一次，在閉會期間，
　　　　　其職權由常務委員會行使。

第廿六條：執行委員會職權如左：

　　　　　一、執行全國會員代表大會之決議。

　　　　　二、議決本會大政方針。

　　　　　三、指揮本會各級組織。

　　　　　四、議決本會重要人事。

　　　　　五、培養管理本會幹部。

　　　　　六、執行對外宣傳。

　　　　　七、其他與本章程規定之有關事項。

第廿七條：監察委員會由本會會員（代表）大會選舉監察委員
　　　　　九至十一人組成，並得選舉三至四人候補監察委
　　　　　員，任期三年，連選得連任。

　　　　　監察委員互選三人為常務監察委員，并得互選一人
　　　　　為召集人。

　　　　　監察委員會至少每六個月開會一次，在閉會期間，
　　　　　其職權由常務監察委員行使，常務監察委員會之主
　　　　　席，由常務監察委員召集人擔任之。

第廿八條：監察委員職權如左：

　　　　　一、監督執行委員會執行會務。

　　　　　二、解釋本會會章。

　　　　　三、稽核本會預算及決算。

　　　　　四、糾正、懲戒有關違紀事項及人員。

　　　　　五、會長諮商事項。

　　　　　六、其他會章規定之有關事項。

第廿九條：本會設秘書長一人，承會長之命，策劃督導全會會
　　　　　務之推展；設副秘書長一至三人，協助秘書長處理
　　　　　會務。祕書長、副秘書長，均由會長提名，經常務
　　　　　執行委員會通過任命之。會長易人，秘書長、副秘
　　　　　書長應即總辭，由新任會長另行任命之。

第三十條：執行委員會之下，設秘書處、組織、文宣、社運、
　　　　　財務、行政、大陸、海外等工作組，其組織規程由
　　　　　執行委員會訂定之。

第卅一條：本會得聘請顧問若干人，由會長提名，經執行委員

會通過後聘請之，聘期三年，並得續聘之。

第八章 分 會

第卅二條：本會之分會，每年舉行會員代表大會一次（或會員
　　　　　大會）各級執行委員會認為有必要或過半數之次一
　　　　　級組織請求時，得定期或召開臨時大會。

第卅三條：分會組織之會員代表大會或會員大會職權如左：

　　一、檢討各該會執行委員會之工作

　　二、決定各該會會務之決策方針。

　　三、選舉各該會執行委員及監察委員。

　　四、上級組織交議之事項。

第卅四條：分會執行委員會及監察委員會名額，由本會執行委
　　　　　員會議訂之。

第卅五條：分會執行委員及監察委員之任期均為三年，連選得
　　　　　連任之：如因會員代表大會或會員大會延期召開，
　　　　　未依規定改選新任執、監委員時，其任期延至完成
　　　　　改選新任時為止。

第卅六條：分會均設主任委員一人，由會長提名，經執行委員
　　　　　通過後聘任之。並得視實際需要設副主任委員一至
　　　　　三人，均由主任委員提請委員會通過並層報本會核
　　　　　備後任免之。總幹事承主任委員之命處理有關各該
　　　　　會會務。

第九章 小 組

第卅七條：分會之下得以會員分佈狀況，分設小組，擔任會務
　　　　　宣傳、連絡群眾、反映社情、吸收會員及收繳會費
　　　　　等事項。

第卅八條：小組由會員三至十九人組成，並互選一人為小組

長，任期一年，連選得連任之。

第卅九條：小組以每三｜六個月舉行小組會議一次，連絡感情
及會務檢討，由小組長召集之。小組長認為必要時
得召集臨時小組會議。第四十條：小組對於特殊緊
急重大問題之反映，可越級直接反映至本會，並須
作適當之處理，或建請有關機關研處。

第四十條：小組對於特殊緊急重大問題之反映，可越級直接反
映至本會，並須作適當之處理，或建請有關機關研處。

第十章　紀律與獎懲

第四一條：本會會員須遵守左列規定：

一、不得違背會章。

二、不得洩露本會一切機密。

三、不得有損害本會會譽之行為。

四、不得在會內利用職權假公濟私。

五、不得在會內製造事端破壞團結。

第四二條：違反前條規定之會員，視其情節輕重，予以左列之
懲戒：

一、警告。

二、留會察看六個月至一年。

三、停止會員權利一年至二年。

四、開除會籍。

第四三條：各級委員會違反紀律者，解散該委員會；某一組織
之多數會員違反紀律者，除解散其組織外，重新登
記審核會員會籍，另行重組該組織。

第四四條：對於表現卓越，成績優良之會員或組織，應層報本
會予以獎勵。

第四五條：有關獎懲案件，由各及監察委員會依規定秉公處理；開除會籍之處分，應經本會執行委員會核准。

第四六條：不服懲戒者，得向上一級組織之監察委員會申復，但以一次為限。

第四七條：獎懲與懲戒辦法，由本會監察委員會訂定之。

第十一章　經　費

第四八條：本會經費來源如左：
一、新會員入會費。
二、會員常年會費。
三、社會各界捐助。
四、其他正常收入。
會員入會費及常年會費由本會執行委員會、監察委員會視實際情形訂定之。

第四九條：本會、分會執行委員會之下，應設財務委員會，負責經費之籌措與管理有關事宜。

第十二章　附　則

第五十條：本會章未規定之事項，悉依中華民國有關法令規章辦理。

第五一條：本會章經全國會員代表大會通過並報請主管機關核備後施行，修正時亦同。